L'HISTOIRE DE L'AFD EN GUINÉE

KARTHALA sur Internet :
www.karthala.com
Paiement sécurisé

Couverture : Toit Foutah.
Pour certains, l'aide est un univers complexe,
à l'instar de ce motif. © AFD

ISBN : 978-2-8111-2731-2

François Pacquement

L'histoire de l'AFD en Guinée

Des remous de la guerre froide aux défis du développement durable

Éditions Karthala
22-24 boulevard Arago
75013 Paris

François Pacquement est chargé de mission Histoire et Réflexion stratégique à l'AFD. Ce livre est publié sous la seule responsabilité de l'auteur et n'engage pas l'AFD. L'auteur remercie les témoins, notamment Adrien Absolu, Moussa Doumbouya, Marc Dubernet, Odile Lapierre, Virginie Leroy, Yves Malpel, André Meyer, Luc Mogenet, Maria Nowak, Yves Picard, Yves Roland-Billecart, Pierre Salignon, Didier Simon, et ses autres collègues actuels ou passés de l'agence de Conakry, en particulier Safia Ibrahim-Otokoré et Olivier Pannetier, ainsi qu'Annabelle Laferrère, du département Afrique, pour leur concours et leurs encouragements.

Sigles et abréviations

ACDI	Agence canadienne de développement international
ACP	Pays d'Afrique, des Caraïbes et du Pacifique
AEF	Afrique équatoriale française
AFD	Agence française de développement
AID	Association internationale de développement (groupe Banque mondiale)
AOF	Afrique occidentale française
APD	Aide publique au développement
BAO	Banque de l'Afrique occidentale
BICIGUI	Banque internationale pour le commerce et l'industrie en Guinée
BIRD	Banque internationale pour la reconstruction et le développement (groupe Banque mondiale)
CAD	Comité d'aide au développement
CCCE	Caisse centrale de coopération économique
CCFL	Caisse centrale de la France libre
CCFOM	Caisse centrale de la France d'Outre-mer
CEFEB	Centre d'études financières et bancaires
CFA	Colonies françaises d'Afrique (1945-1958) puis Communauté financière africaine
CFAO	Compagnie française de l'Afrique occidentale
CFD	Caisse française de développement

CGT	Confédération générale du travail
CMRN	Comité militaire de redressement national
DG	Directeur général
DGCID	Direction générale de la Coopération internationale et du Développement
DGMP	Direction générale de la Mondialisation et des Partenariats
DSRP	Document stratégique de réduction de la pauvreté
DTS	Droits de tirages spéciaux
EDF	Électricité de France
EEG	Énergie électrique de Guinée
ENA	École nationale d'administration
F ou FF	Franc (français)
FAC	Fonds d'aide et de coopération
FED	Fonds européen de développement
FIDES	Fonds d'investissement pour le développement économique et social
FMI	Fonds monétaire international
IFAC	Institut pour les fruits et agrumes
KfW	Kreditanstalt für Wiederaufbau
M	Million
Md	Milliard
OCDE	Organisation de coopération et de développement économiques
ODD	Objectifs de développement durable
OMD	Objectifs du Millénaire pour le développement
ONU	Organisation des Nations unies
PAM	Programme alimentaire mondial
PAS	Prêt d'ajustement structurel
PCF	Parti communiste français
PIB	Produit intérieur brut
PMA	Pays moins avancé
PME	Petite ou moyenne entreprise

PNUD	Programme des Nations unies pour le développement
PPTE	Initiative en faveur des pays pauvres très endettés
PREF	Programme de redressement économique et financier
PRI	Pays à revenu intermédiaire
PROPARCO	Société de promotion et de participation pour la coopération économique (filiale de l'AFD)
PVD	Pays en voie de développement
RDA	Rassemblement démocratique africain
SATEC	Société d'aide technique et de coopération
SCIC	Société civile et immobilière de la Caisse des dépôts et consignations
SCS	Société de crédit social
SEM	Société d'économie mixte
SFI	Société financière internationale (groupe Banque mondiale)
SGBG	Société générale de banques en Guinée
SICAP	Société immobilière du Cap-Vert
SNE	Société nationale d'électricité
SOGETRAG	Société générale de transports guinéens
UE	Union européenne
UIBG	Union internationale de banque en Guinée
URSS	Union des républiques socialistes soviétiques
VSN	Volontaire du Service national

Préface

Avec le cas de la Guinée, ce nouveau livre de François Pacquement sur l'histoire de l'AFD succède aux monographies déjà publiées par Karthala sur la Côte d'Ivoire et Haïti. D'autres histoires de l'établissement dans ses divers pays d'intervention sont engagées, à des degrés divers d'aboutissement, toutes recherches qui s'inscrivent dans une démarche qui vise à interroger de façon novatrice le sens d'une activité complexe, placée dans le contexte des pays où elle se déroule, d'où elle tire sa raison d'être. Par-delà le travail de compte-rendu et d'évaluation de nos activités, il est important de les inscrire dans le temps long, d'ouvrir ainsi la perspective. Ceci permet alors de comprendre quelles idées animaient l'édifice de la coopération internationale de la France, comment celle-ci se déclinait concrètement dans les vies des personnes et des institutions, à l'origine nombreuses, qui le constituaient. Ces diverses études sur nos relations avec nos pays partenaires se présentent comme les pièces modestes d'un puzzle qui ne prend son sens que comme ensemble articulé. Il est encore très incomplet, mais chacune d'elles peut aussi prendre le sens d'une contribution à l'histoire économique, surtout lorsqu'il s'agit de pays où l'investissement international joue un rôle économique important. Il sert aussi une vision concrète de l'histoire institutionnelle : une sorte de portrait d'un établissement qui est une communauté humaine, plus globale.

Aussi, le texte passe-t-il souvent d'une échelle à l'autre, conjuguant les évocations biographiques, celles de projets, de politiques, de réformes, jusqu'à des évolutions plus globales, changeant de niveaux d'analyse, l'ensemble paraissant finalement conçu à la façon d'un tableau où le peintre détaille certains aspects, pour n'en faire qu'esquisser d'autres, afin que l'ensemble prenne davantage de relief et de mouvement.

Certes, l'auteur ne manque pas d'affectio societatis, mais ce travail de recherche a été conduit en toute indépendance éditoriale. Toujours perfectible (les archives nous ménageront sans doute encore des surprises), le résultat permet d'ouvrir des pistes de recherche, de mobiliser les uns et les autres pour des explorations ultérieures, ou servir de base au débat. La logique de l'investissement de développement durable suggère en effet d'enrichir les stratégies et les modes opératoires en recherchant les contributions les plus diverses. Le message de 2015, c'est que le XXIe siècle est désormais celui de l'action collective. Pour y contribuer, il est bon d'expliciter les modes de pensée de chacun. Les institutions ont les leurs, qui s'imposent à celles et ceux qui les servent et les représentent. Il importe de les élucider et de les partager dans l'esprit d'une relation authentique, en même temps que celles et ceux qui les habitent ou sont en relation avec elles peuvent les façonner, d'autant mieux que ces clefs sont ainsi mises en évidence.

La Guinée, le livre le montre bien, est un pays dont l'étude présente beaucoup d'intérêt, à de nombreux titres. Du point de vue très limité des activités de l'établissement, c'est un de ses tout premiers pays d'intervention, qui, par-delà la suspension des activités, a suscité des engagements personnels forts et divers chez certains de nos collègues, qui a connu de nombreux bailleurs de fonds, avec une diversité de modes opératoires très grande, qui présente des défis spécifiques, et où le développement durable rencontre des enjeux stimulants. Cette histoire singulière de l'AFD en Guinée commence par une activité soutenue dans les années 1950, sur les secteurs historiques d'intervention alors assignés à l'établissement, en ligne avec les priorités de la Guinée d'alors : l'énergie, le logement et le crédit. L'arrêt brutal, en 1958 (suite au référendum du 28 septembre), a ouvert une période d'éloignement, mais la reprise vingt ans plus tard a renoué des continuités, tout en s'adaptant à un cadre nouveau. L'évolution de la relation, comme ailleurs, est ensuite le reflet de la situation socio-politique, et l'établissement a su adapter son activité lors des crises. Depuis 2017, il renoue avec une aide substantielle, avec plus de 100 M€ d'engagements annuels.

La Guinée aura mobilisé plusieurs générations à l'agence de Conakry, comme depuis le siège parisien, et d'une certaine façon elle a influencé notre culture du développement. C'est un patrimoine commun, que ce livre permet d'apprécier, qui peut être un atout pour ensemble faire face aux enjeux qui restent devant nous, pour concrétiser tous les efforts déjà entrepris en faveur d'un développement durable et inclusif de la Guinée.

Un grand merci à l'auteur de ce livre qui contribue à comprendre comment les déterminants de niveaux divers s'agencent pour plus de mobilisation en faveur de l'agenda du développement durable.

Rémy RIOUX

Introduction

Le sens d'une histoire de l'aide en Guinée

Les financements extérieurs comptent beaucoup dans le développement des pays à revenu faible ou intermédiaire, et pour qui s'intéresse à leur histoire économique, il importe de comprendre les institutions et les processus qui y président. En outre, dans le cas de la Guinée, à travers l'Agence Française de Développement (AFD)[1], c'est la relation avec un bailleur de fonds parmi les plus anciens qui peut être étudiée – malgré une parenthèse d'une vingtaine d'années après 1960. Non seulement c'est son premier partenaire financier historique, mais c'est aussi l'un des plus importants quant aux montants alloués – dans l'aide reçue par la Guinée, la France exerce un rôle important, et elle garde aujourd'hui encore une part

1. L'AFD a été créée pendant la Deuxième Guerre mondiale comme Banque centrale et Trésor public de la France libre, sous une raison sociale, Caisse centrale, qui perdurera pendant cinquante ans, avec des compléments qui témoignent de l'évolution de ses missions et l'environnement dans lequel elles s'inscrivent : Caisse centrale de la France libre, de la France d'Outre-mer, de Coopération économique. Son nom change à l'occasion du cinquantenaire et devient Caisse (1991), puis Agence Française de Développement (1998). L'acteur « pivot » de la politique française d'aide au développement est un établissement public à caractère industriel et commercial et société de financement, qui apporte des ressources de toute nature (des subventions aux prêts, garanties et prises de participation ou de l'expertise) à des acteurs de toutes catégories (organisations internationales, États, collectivités, entreprises, organisations de la société civile, etc.).

significative (plus de 10 %). Pourtant, situation assez rare, les montants comptabilisés pour la France par le comité d'aide au développement[2] (CAD) sont d'abord négatifs après l'indépendance, puisque la relation s'est alors limitée au remboursement de prêts contractés pendant la période coloniale par des entreprises privées, sans compensation par des crédits nouveaux. Pour pallier ce retrait de la France, la Guinée diversifie alors activement ses partenaires. Pendant les années 1960-1970, l'aide américaine apparait ainsi singulièrement élevée pour un pays francophone, sans doute en lien avec la richesse du pays en ressources naturelles. La Guinée est en outre un bénéficiaire important de la coopération du « bloc de l'Est », qui constitue un monde spécifique dans l'aide, à l'écart du CAD. Le récit des faits ou mythes de ces premières années s'inscrit dans un contexte scandé par des moments politiques forts, dès les conditions particulières de son indépendance.

Il s'agit de traiter dans ce contexte de l'histoire d'une diplomatie qui s'exerce avec un « grain » particulier, principalement sous la forme de projets de développement, autour desquels se sont nouées des relations entre acteurs de toute nature, associations locales ou professionnelles, administrations de divers niveau, entrepreneurs, fournisseurs, bailleurs de fonds, experts, militants ou élus… Cette diplomatie tisse les mailles d'une politique publique globale[3], qui émerge depuis la fin de la guerre froide, et qu'il est intéressant d'examiner précisément sur le terrain d'un de ses anciens points chauds potentiels. Ce document de travail réunit les éléments essentiels sur l'histoire de l'AFD en Guinée, qui a compté pendant quelques années parmi ses partenaires les plus importants. Si elle commence en 1942, cette histoire fait suite à de grandes évolutions antérieures. Caler l'analyse sur la seule période qui suit la formulation d'une politique d'aide au développement (après l'indépendance) sous-estimerait le temps long d'une politique de financement de l'investissement au loin, plus ancienne,

2. Groupe de travail de l'Organisation de coopération et de développement économiques (OCDE).
3. Pacquement 2009.

dont l'origine est peut-être à rechercher du côté des premières expéditions commerciales, avant même la colonisation. Pour autant, on mettra l'accent sur la période qui commence avec la guerre froide, dont la Guinée a été l'un des enjeux, et dont beaucoup ont écrit combien l'aide en avait été un auxiliaire[4].

Ce livre s'inscrit dans une série de publications qui traitent de l'AFD dans ses pays partenaires (la Côte d'Ivoire en 2016, Haïti en 2018), ou de ses filiales (Proparco en 2017, les banques de développement en 2020, Expertise France en 2021[5]), comme de celle de travaux sur le financement du développement. Il vise à reconstituer comment la Guinée a été abordée par un de ses bailleurs de fonds. Or cet acteur français du financement du développement a connu de profondes mutations tout au long de son histoire, au point que celle-ci paraît difficile à suivre. Peut-on en effet dissocier l'opérateur d'un de ses ministères de « tutelle » comme on disait alors, le ministère de la Coopération ? Les modalités de transfert des activités de ce ministère, en près de vingt ans à partir de 1998, ont en outre elles-mêmes transformé ces compétences, dans un contexte plus général où les approches des bailleurs de fonds sont très évolutives. Autre difficulté, en tant qu'auteur, la question de l'indépendance ou de la distance analytique à l'égard de mon employeur, l'AFD, reste un sujet de réflexion que je n'ignore pas, même si je peux témoigner qu'une grande liberté m'a été laissée par la définition même de mes fonctions et de mes projets. Ce livre s'inscrit dans la poursuite du recueil des activités de financement et de coopération qui contribuent modestement à tisser la toile d'une civilité internationale du développement durable, faite d'actions élémentaires entre acteurs anonymes, dans l'esprit du faire ensemble, d'une diplomatie de l'amitié.

4. Par exemple Olivier Charnoz et Jean-Michel Severino, *L'aide publique au développement*, Paris, La Découverte, 2007 ; John James Quinn et David J. Simon, « Plus ça change… : The Allocation of French ODA to Africa During and After the Cold War », *International Interactions, Empirical and Theoretical Research in International Relations*, Volume 32, Issue 3, 2006, p. 295-318.

5. Cf. les références en bibliographie (Pacquement).

Pour reconstituer cette histoire, diverses contraintes matérielles n'ont permis ni de faire une exploration archivistique approfondie ni de se rendre en Guinée pour interroger directement des témoins, cadres de l'agence ou des administrations partenaires. Malgré toutes ces limites, en offrant un premier point sur cette histoire commune et riche en perspectives, ce livre, publié en 2020, souhaite prendre date, à l'occasion des 70 ans de l'agence de Conakry, à mi-chemin entre le 40e anniversaire de la reprise des activités de la Caisse centrale en Guinée (2019) et le 80e anniversaire de la création de l'établissement (2021).

La rédaction de ce livre sous des délais contraints et sans accès aux archives guinéennes conduit notamment à d'autres limites : le rôle de l'assistance technique par exemple, y est insuffisamment pris en compte. Pour pallier (fût-ce partiellement) ces difficultés, on a eu recours de façon abondante à la citation de chercheurs et on a sollicité des récits auprès de collègues. Si le point de vue qui prévaut est le plus souvent celui des expatriés, il permet de mettre en lumière leur vision des grandes étapes de cette relation entre la Guinée et l'AFD. Ils sont reproduits en annexe, car ils illustrent, chacun à sa manière, ce qu'est concrètement le financement du développement, une diplomatie de l'amitié, faite d'échanges entre personnes et de travail en commun, qui repose sur la connaissance mutuelle. Ce livre met ainsi l'accent sur le point de vue de l'AFD et son évolution, car, même dans des éléments qui seraient anecdotiques à une maille d'analyse plus large, c'est ainsi toute une politique publique qui se révèle dans ses dynamiques et les rouages de ses activités. C'est que le sens provient souvent des petites choses, ou procède par des éléments parfois étonnants. Cette montre, un souvenir rapporté de Guinée par une collègue, ne symbolise pas seulement le temps qui passe, c'est comme une question de Dadis Camara sur l'histoire : cette consécration d'une rencontre souhaitée a-t-elle moins de sens parce qu'elle n'a pas eu lieu ?

Photo 1 : En 2008, la Guinée à l'heure de la mondialisation (Collection/photo Virginie Leroy).

Ces témoignages agissent en outre comme autant de pièces pour constituer une sociologie de l'établissement, à travers le discours porté sur les diverses situations[6] que vivent ses agents. Elles prennent tout leur sens comme le résultat d'une construction d'un moment particulier dans la vie de tous ceux qui y participent – réunis autour d'un cadre d'action commun, le projet (le plus souvent), qui se présente comme porteur de changements, lesquels affecteront chaque personne impliquée. Ainsi, les microhistoires de l'établissement que l'on s'efforce de reconstituer à travers ses diverses implantations permettent de contribuer à comprendre une politique complexe, qui met ses représentants en relation avec de nombreuses situations où l'investissement financier revêt une profondeur particulière, celle de l'engagement humain.

6. Ce concept de situations emprunte à Georges Balandier, « La situation coloniale. Approche théorique », *Cahiers internationaux de sociologie*, vol. 11, 1951, p. 44-79, ici p. 76.

Aussi, plutôt qu'attendre encore de pouvoir livrer un travail plus complet, ce livre offre dès à présent une première esquisse, afin d'ouvrir des pistes de débat et de réflexion stratégique. S'il devait éveiller des vocations auprès des chercheurs guinéens intéressés par les questions financières et les relations internationales, l'auteur se tient à leur disposition pour échanger et partager.

Le livre examine i/ la création de la Caisse centrale et la formulation de ses premières missions de développement en Guinée ; ii/ la proclamation de l'indépendance et la suspension de la relation ; iii/ la reprise de l'aide, à partir de la fin des années 1970, ainsi que les processus de réforme en Guinée ; iv/ les réformes de l'aide ; et v/ la période des crises du début du XXIe siècle. Il comporte en outre une chronologie succincte, une annexe statistique et un recueil de témoignages. Une bibliographie donne les références des principaux textes cités et suggère d'autres sources pour approfondir la documentation[7].

7. Ce texte vise à apporter un regard très synthétique sur une histoire singulière. Il n'approfondit pas la période la plus récente. Des données statistiques figurent en annexe. Pour approfondir ou compléter, il convient notamment de se référer à trois publications : celle d'André Postel-Vinay (2019), qui comporte des archives relatives à un débat sur les effets de la suspension de l'aide en faveur de la Guinée, accessible en ligne ; et celle de l'auteur : « Décoloniser la finance, africaniser la banque » (traduction en français d'un chapitre dans un ouvrage collectif en anglais, août 2019), non publié, accès sur demande à l'auteur, ainsi que *Histoire de l'AFD en Côte d'Ivoire*, Paris, Karthala, 2016.

1

Les débuts de la Caisse centrale en Guinée, de l’après-guerre aux années 1960

La mise en place d’une infrastructure financière pour la « mise en valeur » contient en germe celle qui servira au développement. Créée pendant la Seconde Guerre mondiale, la Caisse centrale agit à travers des représentations locales. C’est le cas à Conakry, à partir de fin 1942, après le ralliement de l’AOF à de Gaulle, comme dans les autres territoires de la France Libre. Une agence de plein exercice est ensuite établie en 1950. L’action de la Caisse centrale se présente, dans l’esprit de la conférence de Brazzaville, au cœur d’un dispositif visant à répondre aux besoins de citoyens dans une phase de reconstruction et de réorganisation économique (qui va progresser vers l’indépendance).

En Guinée comme dans le reste de l’empire, premiers éléments d’une politique de « mise en valeur »

En Afrique de l’Ouest, une banque privée de prêt et d’escompte, la Banque du Sénégal, est fondée en 1853. Elle dispose du privilège de l’émission de billets, offre des crédits de campagne et finance l’achat de produits manufacturés aux fournisseurs de produits tropicaux. En 1901 elle devient Banque de l'Afrique Occidentale (BAO) ; elle cumule les fonctions d'émission, de prêt et d'escompte. Son activité, qui s'étend dans toute l'Afrique Occidentale Française (AOF), est surtout tournée vers le financement des colons.

L'investissement colonial français, d'abord dispersé, est inscrit au début des années 1920 dans une vision de long terme avec le plan Sarraut[1]. Il propose un ensemble articulé d'investissements pour l'empire colonial français. Pour la Guinée, il propose notamment une liste d'opérations qui font encore écho à des préoccupations actuelles :

- « Extension et aménagement du port de Conakry (...) D'importantes améliorations doivent être apportées à ce port pour lui permettre de répondre au trafic que doit faire envisager le développement de l'exploitation d'importants gisements miniers de la colonie, ensemble de travaux que la guerre avait dû faire ajourner et qui doit être entrepris maintenant[2]. »
- « Chemin de fer de Tabili à Youkounkoun (50 kilomètres) : La construction d'une voie ferrée partant de Tabili, station du chemin de fer de Conakry au Niger, et se dirigeant sur Youkounkoun présente un intérêt certain mais non immédiat. Ce chemin de fer desservirait des vallées fertiles et drainerait sur Conakry des produits qui sont absorbés actuellement par la Guinée portugaise. Il serait prolongé ultérieurement jusqu'au « Thiès-Kayes » afin d'assurer une liaison par chemin de fer entre le Sénégal et la Guinée. Le railway (*sic*) de la Guinée a été construit sous l'empire de préoccupations politiques et dans le but d'atteindre le Niger le plus rapidement possible et par la voie la plus courte. Il a été tracé à travers des régions peu fertiles. Les résultats de son exploitation n'en sont pas moins satisfaisants ainsi qu'en témoignent les statistiques ci-après. L'embranchement de Tabili à Youkounkoun lui apporterait, à n'en pas douter, un supplément de trafic considérable[3]. »

---

1. *La Mise en valeur des colonies françaises*, Payot, Paris, 1923.
2. Sarraut, *op. cit.*, p. 368-369.
3. *Ibid.*, p. 386.

- « Construction et aménagement de routes (…) : Il est nécessaire d'établir des routes affluant au chemin de fer. En effet, la ligne ferrée a été construite bien plus dans le souci d'atteindre le plus rapidement possible la vallée du Niger que dans celui de desservir parfaitement les pays traversés. Le chemin de fer se développe en effet dans une région généralement pauvre, laissant au nord et au sud les parties les plus riches et les plus susceptibles de développement : au nord, le Fouta-Djalon et au sud le pays Kissien, riche en riz, en noix de palme et de kola, région avoisinant la frontière libérienne. Il faut donc créer, pour l'un et pour l'autre, des voies d'accès au chemin de fer. La route du pays Kissien doit d'autant mieux nous intéresser que les Anglais, dans leur colonie voisine de Sierra-Leone, ont poussé leur chemin de fer jusqu'à Pendemba pour drainer vers Freetown les noix de palme si abondantes dans ces régions[4]. »
- « Construction d'un hôpital indigène : L'organisation de l'assistance médicale en Guinée ne comporte aucun établissement hospitalier, mais seulement des infirmeries ou des dispensaires en mauvais état, ne permettant pas d'opérer en toutes circonstances à l'abri des risques d'infection. L'état actuel du développement de l'assistance, avec le chiffre croissant des consultations médicales aux indigènes, justifie la construction d'un hôpital indigène, sur lequel seront dirigés les cas justiciables d'interventions chirurgicales sérieuses et les malades atteints d'affections graves ou contagieuses, l'hôpital devant posséder un local d'isolement. L'hôpital Hallay, à Conakry, établissement mixte où sont traités les malades civils, fonctionnaires ou particuliers, et les militaires européens ou indigènes, situé dans une position excentrique par rapport à l'ensemble de la colonie, et ayant sa destination bien définie, ne peut, même si on lui donnait un plus grand développement, répondre aux besoins de l'assistance médicale indigène[5]. »

4. *Ibid.*, p. 391-392.
5. *Ibid.*, p. 399.

Non chiffré et dépourvu de moyens, le Plan Sarraut donne lieu à peu de réalisations concrètes, mais il restera durablement un cadre de référence. Il témoigne de l'approche qui prévaut alors pour la mise en valeur du pays, essentiellement en termes d'investissements dans les infrastructures, et relevant d'un financement par prêts. Toutefois, il semble méconnaître le développement rural. Pourtant, la Guinée est très tôt apparue comme un pays à haut potentiel en matière agricole. René Tourte[6] évoque le Jardin de Camayenne, créé en 1897 aux portes de Conakry, qu'il décrit comme « l'un des plus anciens établissements d'expérimentation agricole de la Guinée, (…) la deuxième décennie du XXe siècle a cependant vu son déclin, (…) le Jardin d'essais (étant) laissé dans un quasi-abandon jusque vers 1930, son rôle résiduel étant la multiplication et la diffusion d'essences fruitières, industrielles et d'ornement. » Plus généralement, « la période de l'entre-deux guerres est marquée par le passage délibéré d'une économie agricole dominée par la cueillette, à une agriculture volontairement productrice. Le symbole en est l'abandon quasi-total de la récolte du caoutchouc sylvestre, si l'on excepte une relative reprise lors du conflit 1914-1918 (« l'effort de guerre »), au profit d'une exploitation dirigée des palmeraies naturelles, de plantations capitalistes et paysannes (principalement de bananiers), de l'élevage en zones d'altitude, etc. et (…) la Guinée va progressivement s'équiper, se doter de structures de recherches de qualité, réaliser des expériences à initiative administrative ou privée. »

Lorsque vient la Seconde Guerre mondiale, la BAO se trouve du côté de Vichy après l'échec de l'expédition des Forces françaises libres (25 septembre 1940) pour prendre pied en AOF. Vichy supprime le privilège d'émission en AEF, où les billets de la BAO continuent néanmoins de circuler. Or la France libre bénéficie d'un accord avec le Royaume-Uni, qui assure à sa monnaie une parité fixe avec la livre, tandis que le franc

6. *Histoire de la recherche agricole en Afrique tropicale francophone. Le temps des stations et de la mise en valeur 1918-1940/1945*, Paris, L'Harmattan, 2019, p. 178-179.

de Vichy se dépréciait régulièrement. Il devient nécessaire de séparer les deux zones. C'est à cette fin qu'est créée la Caisse centrale de la France libre (CCFL), le 2 décembre 1941, comme Trésor et Banque centrale de la France libre. Ce n'est que le 23 novembre 1942 que l'AOF est ralliée à de Gaulle, et que la Guinée rentre dans le domaine de compétence de la Caisse centrale – processus progressif, à l'aune du remplacement des partisans de l'État français (ainsi le départ du gouverneur Boisson de Dakar n'intervient qu'en juillet 1943).

L'effort de guerre des colonies apporte une contribution importante. Les forces mobilisées au sein des populations d'Afrique au sud du Sahara (désignées sous le vocable de « tirailleurs sénégalais ») constituent un appoint d'autant plus précieux qu'ils sont souvent déployés sur des opérations difficiles (entre 1939 et 1944, près 2700 Guinéens, selon Lewin[7], se sont engagés pour la France, dont beaucoup sont morts au combat). Lors de la conférence de Brazzaville, en janvier 1944, le général de Gaulle reçoit les responsables des colonies qui ont rallié la France libre et se prononce en faveur d'une vision du développement qui associe les ressortissants des colonies. Son discours fonde le développement comme une richesse partagée, et l'aide comme une redistribution étendue en dehors du territoire national, sous l'égide de l'État.

Après l'armistice, le gouvernement provisoire fait de 1946 une année d'intense modernisation dans les colonies avec, notamment, la loi Houphouët-Boigny sur l'abolition du travail forcé et la loi Lamine Guèye[8] qui donne la citoyenneté aux habitants des territoires d'outre-mer. Cette année est fertile en moments politiques forts. Le 2 juin, onze députés africains sont élus à l'Assemblée constituante à Paris. Le 18 octobre à Bamako est créé le Rassemblement démocratique africain (RDA), premier grand parti africain interterritorial, défendant l'indépendance des colonies françaises.

7. André Lewin, *Ahmed Sékou Touré (1922-1984), Président de la Guinée de 1958 à 1984*, Paris, L'Harmattan, 2010, vol. I, 236 pages.

8. Magistrat sénégalais, député en 1945 ; cette loi sera plus tard intégrée à la Constitution de la IVe République.

La représentation de la Caisse à partir de 1942

La Caisse évolue d'abord dans un environnement français. Une caractéristique propre à l'établissement est que l'activité y est conçue au plus près du terrain et repose sur son réseau, assuré d'abord par celui du Trésor Public. Conakry y est rattachée à l'agence de Dakar, alors « représentation en AOF », avec un papier à en-tête du Gouvernement provisoire de la République française, puis de la République Française (conformément à l'évolution de la Constitution). Elle devient ensuite « direction fédérale de l'AOF », en suivant l'administration, qui n'est plus placée sous les auspices de la République. Quand l'hébergement par le Trésor public prend-il fin ? Le processus semble avoir consisté à lui affecter des agents spécialisés, jusqu'à ce que les propres recrues de la Caisse puissent assurer les fonctions de direction locale autonome, de façon à pouvoir assurer en toute indépendance la mission qui lui incombait également de contrôle des changes[9]. La date d'implantation de l'agence de Conakry n'a pas pu être documentée par une correspondance ou un bail, pas plus que sous la forme d'un document portant son adresse. Pour Michel de Chalendar[10], en 1947 la Caisse centrale est déjà présente dans tous les territoires, tandis qu'Alix Le Masson[11] précise que l'agence pour la Guinée est établie le 1er novembre 1950 (mais sans mentionner de source).

De même, la chronique des directeurs est difficile à reconstituer. La Caisse centrale a pour mission la tutelle des offices coloniaux des changes, dont les agents relèvent également de son personnel. Il y avait en 1954, selon un document reproduit par Alix Le Masson[12], pour tout le réseau de la CCFOM,

9. Michel de Chalendar, *La Caisse centrale de la France d'Outre-mer*, thèse de doctorat en droit, Université de Paris, 1947, p. 42.
10. *Ibid.*
11. Alix Le Masson, *La Caisse centrale de la France d'outre-mer et le financement public dans la France d'outre-mer 1944-1958*, thèse d'histoire sous la direction d'Alain Plessis, Paris 10, p. 451.
12. *Ibid.*, p. 526.

onze directeurs d'agence et dix directeurs d'office des changes, chacun ayant au moins un chargé de mission à ses côtés. Le personnel recruté localement constituait l'essentiel de cette équipe : des secrétaires (le plus souvent « européennes »), des comptables, des commis etc. Le premier directeur connu est Yves Jaffrezic[13], qui a effectué un interim de la direction de Conakry de juin à novembre 1957. Les journaux officiels de la Guinée française que l'on a dépouillés[14] n'ont pas permis de trouver plus d'informations sur ces questions.

La loi du 30 avril 1946 crée avec le FIDES un dispositif pour financer sur ressources budgétaires (soumises à la contrainte de l'annualité) deux plans successifs (1946-1952 et 1953-1957). Il permettra des réalisations nombreuses financées sur les budgets d'équipement des collectivités et départements d'Outre-Mer et des colonies d'Afrique. La loi organise la complémentarité entre les approches administrative et bancaire, et fonde les activités de développement de la Caisse centrale de la France d'Outre-mer. En outre, elle prévoit la possibilité de créer des sociétés d'économie mixte (SEM) ou des sociétés d'État qui fonctionneront avec les méthodes et la souplesse des entreprises commerciales et industrielles privées. Ce dispositif est complété par les financements directs de la Caisse centrale, qui intervient en complément du FIDES ou par des crédits directs aux entreprises (y compris ces filiales).

Durant cette période, les rapports d'activité consultés sont très succincts et n'offrent que des informations superficielles. La transmission orale a permis de retrouver les fils d'une histoire humaine, à la fin des années 1950, où apparaissent certaines des futures grandes figures de la Caisse centrale. C'est le cas notamment d'Olivier Richet et Jacques Silvain, affectés à Conakry, mais aussi de Robert Bailhache et Maria Nowak, qui n'avaient pas encore rejoint l'établissement. Ancien Résistant, Olivier Richet fut parmi les derniers agents présents en Guinée au lendemain de l'indépendance et l'un des premiers à y être

13. (1926-2007), ancien résistant.

14. Numéros disponibles sur *Gallica*, site de la Bibliothèque nationale de France.

affectés après la normalisation. Jacques Silvain[15] a dirigé l'agence locale de l'Institut d'émission (puis de la Banque centrale de l'Afrique de l'Ouest), jusqu'à la sortie du pays de la zone franc. Robert Bailhache fut avocat de Sékou Touré[16]. Le premier séjour de Maria Nowak en Guinée s'est déroulé dans le cadre d'un projet de thèse à la London School of Economics[17]. Alors affectée auprès de la mission d'aménagement du Moyen Konkouré, à Madina Dian – village proche du fleuve Konkouré, sur lequel on devait construire un barrage qui aurait noyé des villages et des terres agricoles –, elle était chargée par la Mission d'Aménagement de la Guinée de conduire des enquêtes qui devaient aider à recaser la population. L'indépendance de la Guinée n'a pas permis de réaliser ce projet. Elle garde, plus de soixante ans après, un souvenir ému de sa vie avec les paysans du village de Madina-Dian (les archives de l'IRD contiennent une carte qu'elle en a établi).

---

15. Jacques Silvain (1929-2012) est né à Majunga (Madagascar), et il a commencé ses études au Lycée Gallieni à Tananarive. Diplômé d'études supérieures de droit public. Carrière : Contrôleur de la succursale de Saigon puis Adjoint du contrôleur général de l'Institut d'émission des États du Vietnam, du Cambodge et du Laos (1952-55), Directeur des agences de Conakry puis de Cotonou de la Banque centrale des États de l'Afrique de l'Ouest (1955-63), Conseiller (1964), Directeur adjoint (1970), Codirecteur (1977) et Directeur des financements à l'extérieur de la Communauté (1985-92) à la Banque européenne d'investissement à Luxembourg (source : Who's Who in France).
16. Son dossier archivé comporte une lettre du président Senghor qui le décrit comme « un ancien administrateur de la France d'Outre-Mer révoqué. Ensuite, il n'a pas réussi à se faire une clientèle au Sénégal comme avocat en sorte que, pris de pitié, je l'ai fait admettre dans l'administration sénégalaise ». Il a en outre côtoyé les cercles du Père Louis-Joseph Lebret (1897-1966, économiste et dominicain). André Lewin l'évoque en 2010 en ces termes : « L'avocat (et futur conseiller territorial de Guinée) Robert Bailhache, ancien de l'École Nationale de la France d'Outre-mer (ENFOM), expulsé en 1947 de Côte-d'Ivoire en raison de ses idées progressistes, devenu avocat en 1950 et inscrit au barreau de Dakar en 1952 seulement, a souvent défendu par la suite Sékou Touré et des militants du PDG… (conversation avec Robert Bailhache, Paris, 22 octobre 1998). Robert Bailhache est décédé en août 2002.
17. Maria Nowak figure ensuite parmi les premières femmes à être embauchée à la Caisse centrale en tant que cadre. Cette expérience a été déterminante pour sa compréhension du terrain, car affecter des femmes en agence à l'étranger n'a été possible qu'à partir des années 1970. Cf. biographie en annexe.

Photo 2 : Quelques villageois de Madina Dian
lors du premier séjour de Maria Nowak en 1958.
Au milieu le griot du village (Collection Maria Nowak).

Photo 3 : Maria Nowak, en 1958, près de la case
mise à sa disposition par le chef de Madina Dian, Alfa Lao.
Ayant peur des rats qui faisaient la nuit un « raffut monstre »
dans la case où était stockée la récolte, Maria Nowak dormait dehors
en bravant les panthères noires qui erraient la nuit autour du village
(Collection Maria Nowak).

Par-delà le caractère parfois anecdotique de la reconstitution de cette présence, on retiendra l'idée que la Guinée fait partie des pays appréciés pour leurs qualités et leurs perspectives, et qu'elle semble jouer un rôle d'école du développement pour les agents de la Caisse centrale. Postel-Vinay[18] décrit le dispositif général déployé :

> « S'agissant de l'aide accordée par la CCFOM aux entreprises, les opérations bancaires que la CCFOM réalise en Afrique noire, dans le cadre des plans, sont faites tantôt en faveur d'entreprises d'économie mixte et tantôt en faveur d'entreprises privées. Les sociétés en question ont toutes été créées en vertu de la loi du 30 avril 1946, qui a prévu des modalités particulièrement souples pour la fondation de ce genre d'entreprises et autorisé la CCFOM à souscrire à leur capital, soit sur ses fonds propres, soit sur les fonds du FIDES. »

Sur cette base seront conçues une quarantaine de sociétés, dans trois grands secteurs : l'énergie électrique, le crédit et le logement. En Guinée, trois sociétés sont créées dans les années 1950.

Tableau 1 : Liste des filiales de la Caisse centrale en Guinée au titre de la loi de 1946

Raison sociale	Date de création
Énergie électrique de Guinée (EEG)	1950
Société Immobilière de Guinée	1952[19]
Crédit de Guinée	1955

L'agence n'est donc qu'un des éléments du déploiement sur le terrain de l'action de l'établissement, en lien étroit avec le FIDES.

---

18. *La passion du développement. 32 ans de Caisse centrale*, Paris, éditions AFD, 2019, p. 184-185.

19. Le 16 janvier, selon Cissé : *Les banques nationales de développement en Afrique Noire*, thèse pour le doctorat de l'Université Paris I en Droit, présentée et soutenue publiquement le 1er juillet 1986, p. 27. Voir également http://anom.archivesnationales.culture.gouv.fr/ark:/61561/wi598cyxw2p

L'énergie électrique

Premier secteur visé par la loi de 1946, l'électricité n'est pas une préoccupation nouvelle ; dès le début du XXe siècle, avant même le rapport Sarraut, l'immensité des disponibilités hydroélectriques était déjà apparue comme un atout, dont toutefois la mise en valeur se heurtait à des obstacles sérieux, tels l'insuffisance des infrastructures de transport et l'irrégularité pluviométrique, mais aussi la taille importante des ouvrages à concevoir du fait du relief et de la concentration des précipitations.

Les projets en Afrique de l'Ouest s'engagent avec l'appui d'Électricité de France, à partir de 1947. Ainsi, dès 1950 est créée Énergie électrique de Guinée (EEG). La station des grandes chutes est inaugurée en 1954, avec une capacité de 9 500 kW destinés aux industries de Conakry et de Kindia. (Harrison Church 1958).

> « (S'agissant de) la réalisation de quelques grands équipements hydroélectriques, (...) l'équipement de Grandes-Chutes, en Guinée, qui approvisionne en électricité le chef-lieu du territoire et la Compagnie minière de Conakry, pour l'exploitation de son minerai de fer. Il n'est pas douteux que certaines de ces réalisations hydroélectriques peuvent paraître ambitieuses et que le prix de revient de deux ou trois d'entre elles s'est fâcheusement éloigné de leurs premiers devis. Il est également exact que ces ouvrages n'auraient pas pu être lancés sans des conditions de financement exceptionnellement avantageuses, sans des avances de la CCFOM, amortissables en plusieurs décades et dont l'intérêt n'excède pas 3 %[20]. Néanmoins, sur ces bases, l'équilibre financier des nouvelles sociétés d'énergie électrique doit pouvoir être assuré, et il y a tout lieu de croire que la Caisse centrale n'aura pas à faire jouer les garanties qu'elle a prises, sous forme de délégations de créances ou d'avals des territoires intéressés. En outre, ces équipements hydroélectriques doivent normalement déterminer un certain essor industriel. (...) De toute manière, les constatations faites pendant les dernières

20. *Ibid.*

années et les espoirs qu'elles autorisent (par exemple au Moyen-Congo ou en Guinée) justifient que l'on développe, dans toute la mesure possible, les études d'équipements hydroélectriques en même temps que les prospections minières et la recherche des possibilités d'industrialisation. »

Parmi ces grands équipements, Maria Nowak a exercé sa mission dans le cadre des diligences liées à l'aménagement du fleuve Konkouré, dont on reproduit ci-après la description de Lasserre[21] :

« Grâce au massif du Fouta-Djalon, « le château d'eau de l'AOF », la Guinée dispose d'énormes réserves hydrauliques, susceptibles de fournir de l'énergie électrique à bon marché. (...) La moitié du débit annuel du fleuve s'écoulant en deux ou trois mois, le barrage doit être un ouvrage d'accumulation capable de retenir 4 à 5 Mds de mètres cubes d'eau. (...) il n'est actuellement question que d'équiper Souapiti. À 130 km de l'embouchure, cet ouvrage de retenue aurait une longueur de plus de 1 000 m et une hauteur de 115 mètres (...). Le financement du barrage de Souapiti demeure subordonné à la passation de certaines conventions avec le territoire de la Guinée française, et à l'ouverture d'un prêt international. Il sera assuré par la puissance publique associée aux groupes privés intéressés à la production de l'aluminium. L'intérêt de la centrale du Konkouré est étroitement lié à l'importance des gisements de bauxite de la Guinée. (...) Les groupes miniers envisagent d'installer une industrie de l'alumine sur les gisements de bauxite, ce qui permettrait de ravitailler directement l'usine d'aluminium édifiée près du barrage de Souapiti. Les usines de transformation de la bauxite en alumine sont en cours de construction. La Compagnie Péchiney, la Société d'électrochimie, d'électrométallurgie et des aciéries électriques d'Ugine, la Société américaine Aluminium C° Ltd, la Société suisse Aluminium Industrie AG, participent à la construction de l'usine d'alumine de Fria, dont l'entrée en service est prévue pour 1960. (...)

21. Guy Lasserre, « L'équipement hydro-électrique de l'Afrique tropicale française », *Cahiers d'outre-mer*, n° 43, 11e année, juillet-septembre 1958, p. 291-297, ici p. 294-295.

Le groupe canadien Aluminium Limited et sa filiale française, la Société des Bauxites du Midi, s'intéressent à l'exploitation des gisements de bauxite de Boké et à la construction d'une usine d'alumine ayant une capacité annuelle de 200000 tonnes ; l'achèvement de cette usine est prévu pour 1961. Au total, les usines de Fria et de Boké exigeront un investissement de 80 Mds F métro environ, dont 75 seront apportés par les groupes privés. Une usine d'électrolyse de l'aluminium sera ensuite construite près de la centrale hydro-électrique annexée au barrage de Souapiti. (…) L'usine absorberait la totalité du courant électrique produit à Souapiti (3,2 Mds kWh par an). S'intéressent à ce projet, des groupes financiers français, canadiens, allemands, italiens et suisses. Les installations de Souapiti, barrage, centrale et usine d'aluminium, exigeront un investissement d'environ 110 Mds F métro. Au total, si l'on tient compte des fonds nécessaires à la construction des deux usines d'alumine de Boké et de Fria, c'est à 200 Mds F métro, qu'il faut estimer le prix de revient du complexe industriel du Konkouré. La réalisation du combinat électrométallurgique guinéen exige la réunion de moyens financiers considérables[22]. »

Le logement

Sans afficher d'ambition en termes d'urbanisme, la loi de 1946 met l'accent sur le logement, préoccupation vive de la politique de reconstruction. Fondée à la fin des années 1880, Conakry affiche une forte croissance, puisqu'elle compte 40000 habitants à la fin des années 1940, 70000 en 1955[23].

22. Le barrage de Souapiti sera finalement réalisé, et devrait être inauguré fin 2020. L'opération, d'un coût de 1,2 Md $, bénéficiera de financements chinois.
23. Awenengo Dalberto, « Urban planning, housing and the making of "responsible citizens" in the late colonial period: Dakar, Nairobi and Conakry », 2013, traduit par mes soins, p. 45.

« Le tissu urbain de Conakry, comme celui de Dakar, comporte une "ville blanche" ouverte à la bourgeoisie africaine, et des quartiers où fonctionnaires et autres "petits blancs" vivaient au côté des "indigènes", ce que l'administration coloniale mettait en avant pour dénoncer l'indigence de ses moyens. Après la guerre, Conakry a fait l'objet d'un premier plan (1948-1953), inspiré par les idées fonctionnalistes du Corbusier. Parmi les premières fondées par la Caisse centrale dans ce secteur, la Société Immobilière de Guinée vise à répondre à la demande de logement tant des Français qui arrivent à Conakry ("second colonial occupation"[24]) qu'à celle des cadres urbains guinéens[25]. »

La Société Immobilière de Guinée[26]

Le plan directeur visait également à différencier les Africains occidentalisés de la « masse urbaine » en leur fournissant des zones d'habitation distinctes (…) politique (…) mise en œuvre à Conakry, où Rémy Lecaisne[27] était chargé d'un plan très ambitieux concernant l'ensemble de la péninsule de Kaloum (la ville et sa banlieue). Des unités de quartier spécifiques ont été prévues pour la petite proportion d'Africains qui en avaient les moyens,

24. J. Lonsdale et D.A. Low, « Introduction: Towards the new order », in D.A. Low et A. Smith (éd.), *History of East Africa*, vol. 3, Oxford University Press, 1976.
25. Awenengo, *op. cit.*, p. 46.
26. *Ibid.*, p. 47.
27. L'architecte Lecaisne, Rémy Maurice, né le 20 février 1904 (Le Havre) et mort en 1982, est diplômé de l'École des Beaux-Arts (admis en 2e classe le 13 juillet 1926), il a aussi été élève à l'Institut d'Urbanisme de l'Université de Paris ; architecte et urbaniste à Paris 6e [entre 1949 et 1955] ; actif en Afrique occidentale française, immeubles d'habitations et de bureaux, équipements collectifs à Conakry, Guinée, et dans d'autres villes, avec Marcel Lods (1891-1978) ; publication : « Les Règles de l'habitat », Techniques et architecture, 1952 ; membre de l'Association des élèves et anciens élèves de l'École nationale et supérieure des Beaux-Arts ou Grande Masse de l'École des Beaux-Arts en 1932 ; membre de la Société française des Urbanistes ; figure encore dans le *Who's Who in France*, éd. 1961-1962, sources : https://agorha.inha.fr/inhaprod/ark:/54721/00285365 https://www.findagrave.com/memorial/136717725/remy-le_caisne

principalement des fonctionnaires. Un nouveau centre administratif, Taïnakry, situé à une vingtaine de kilomètres du centre de la vieille ville, devait être créé et rendu accessible depuis le centre-ville par chemin de fer[28]. La notion de « centre urbain » (Grand Conakry), qui n'avait aucune cohérence administrative avant l'indépendance du pays, est issue de ce plan. Cela a provoqué de vives critiques de la part des Africains, qui y voyaient une menace pour leurs maisons et leurs biens, comme une tentative d'expropriation et de ségrégation. La version finale du plan directeur n'a jamais été mise en œuvre en raison de son coût élevé, de la situation politique tendue et de la croissance urbaine rapide. (...)
Le type d'hébergement prévu dans les programmes de logements sociaux reflétait également le style de vie moderne qu'ils étaient censés promouvoir auprès des élites urbaines africaines. Alors que les systèmes de prêts publics n'avaient guère de contrôle sur les types de logements construits par les particuliers, ce n'était évidemment pas le cas des programmes de logement de l'État, conçus par des experts européens. Différents types de maisons et d'hébergements sont issus des programmes de l'État. Les maisons mitoyennes (jumelées) sont devenues la forme de logement la plus répandue, souvent avec une cour à l'avant ou l'arrière. Ces maisons étaient très populaires, notamment à Conakry. Mais les loyers étaient souvent trop élevés. Ces types de maisons ont été conçus pour les familles de fonctionnaires bien rémunérés. Dans les lotissements collectifs, cependant, des maisons avec une pièce, une véranda et des installations collectives de cuisson et d'assainissement ont été construites pour les travailleurs à bas salaire. À Coléah, dans la région de Conakry, plus de 700 logements ont été construits en quatre phases, soit à la vente soit à la location. La description suivante des

28. Il ne vit pas le jour, faute de moyens financiers, cf. Sophie Dulucq et Pierre Soubias, *L'espace et ses représentations en Afrique subsaharienne. Approches pluridisciplinaires*, Paris, Karthala, 2004, p. 151.

premières maisons de ce type construites en 1953 résume l'opinion de l'administration sur le logement :

Environ 1 500 personnes pourront y trouver, dans un cadre de verdure particulièrement agréable, à des prix en rapport avec leurs revenus des habitations saines, spacieuses et pourvues d'un confort qui, jusqu'alors, n'était le privilège que d'une partie très restreinte de la population. (La Guinée hier et aujourd'hui, AOF magazine, Avril 1953.)

Bien que ces programmes aient été supposés fournir un logement à une classe ouvrière africaine en pleine croissance, ils ne visaient qu'une petite partie des citadins. Au milieu des années 50, la SIG a construit 1 070 logements à Conakry, tandis que la SICAP en a construit 3 123 à Dakar (Poinsot et al. 1989 : 173-176). Et en fait, au moment où les projets de logement social ont été lancés en Afrique de l'Ouest, les autorités coloniales avaient abandonné l'idée de fournir un logement moderne à une majorité de travailleurs africains :

Il faudra accepter que pendant de nombreuses années encore (et peut-être plusieurs générations) une partie importante de la population africaine reste logée dans des paillotes, on ne peut pas éviter pour le moment d'avoir des secteurs d'habitation de caractères très différents, correspondant aux différents stades dévolution de la population, mais ce qu'il faut chercher à obtenir, c'est un aspect homogène de chaque zone. (Archives Régionales de Dakar 1953)

À travers le logement, c'est donc un profond programme de modernisation qui se déploie ainsi. Il bénéficie du financement de la Caisse centrale, sous forme de prêts (à 2,5 % d'intérêt et d'une durée de 20 ans, conditions « sans rapport avec celles du marché financier métropolitain, précise Claude Panouillot »[29],

29. Claude Panouillot, « Le développement des territoires français d'Afrique au Sud du Sahara », Cours commun technique à l'ENA, Promotion « Guy Desbos », 1955, p. 168.

ce qui constitue un climat favorable à l'accueil d'investisseurs privés attirés par la mise en valeur des ressources naturelles du pays.

Le crédit

Troisième secteur visé par la loi de 1946, le crédit, qui donne lieu en 1955 à la création d'une troisième filiale, également du statut de SEM, le Crédit de la Guinée. Au début, c'est une société à vocation de « crédit social », conçue pour répondre aux besoins des populations africaines (guère pris en compte par les banques privées françaises). La Guinée est toutefois pourvue d'un Crédit Agricole, ce qui fait du Crédit de Guinée une banque surtout urbaine.

Pour augmenter la couverture du secteur bancaire, la solution retenue consiste à constituer une « offre de référence » locale, comme incitation compétitive pour améliorer l'accès et les conditions du crédit. Elle a été conçue en cohérence avec la réponse aux besoins en logement : les programmes immobiliers des filiales de la Caisse produisaient des logements que les citadins pouvaient louer ou acquérir avec un crédit consenti par la filiale bancaire, qui pouvait également financer les achats d'équipement et de mobilier des locataires. Par cette offre de crédit aux particuliers ou aux petites entreprises, la Caisse a engagé un processus d'africanisation de la clientèle bancaire. Elle a été suivie par les grandes banques françaises, qui ont alors commencé à ouvrir des succursales ou des filiales sur le continent, dans la perspective de l'indépendance et de l'émergence d'une demande africaine.

Le « crédit social » était une nouvelle approche de la banque pour les Africains. Cissé Moussa[30] résume la logique qui a conduit à la création de « sociétés de crédit social » (SCS) en

30. Citations dans Cissé, *op. cit.*, p. 9 : Guy Rosier, *Essai sur les Sociétés de crédit social en Afrique noire*, thèse, Paris, 1962, p. 44 ; Gaston Leduc, « L'expérience française des "Crédits sociaux" en Afrique noire », *Revue internationale du travail*, n° 1, janvier 1958, p. 3.

tant qu'institutions spécialisées dans l'octroi de crédit, adaptées d'une part aux multiples tâches de l'expansion économique et, d'autre part, aux problèmes posés par la complexité des structures économiques locales. Ainsi, la création de telles institutions s'inscrivait dans un cadre général, une politique visant à « accroître le développement économique et à globaliser l'amélioration du niveau de vie des populations africaines ». Ils devaient être gérés selon les méthodes flexibles du secteur privé. La mission n'était pas de réaliser un profit, mais de contribuer à la création et à la promotion de sociétés privées et à la réalisation d'expériences de développement. Les filiales de la Caisse créées sur chaque territoire ont pu prendre des décisions tenant compte des spécificités régionales, sans avoir à remonter à Paris. « L'organisation des SCS repose sur un conseil d'administration présidé par un directeur général. Des représentants de l'administration coloniale, de la Caisse et de l'Institut d'émission siègent au conseil d'administration avec des « personnalités qualifiées » et des représentants d'assemblées territoriales qui fournissent « au niveau indigène » les moyens de la politique de l'institution[31] ». Outre leurs fonds propres, les ressources de ces sociétés comprennent des ressources publiques de la Caisse et de l'Institut d'émission (qui peut offrir des conditions favorables pour des activités spécifiques). Les avances et facilités de crédit accordées par la Caisse centrale ou l'Institut d'émission s'accompagnent « d'avantages spéciaux tels qu'un taux d'intérêt réduit et une période de remboursement importante. Ce régime favorable vise à permettre à ces établissements de crédit d'agir au profit des emprunteurs qui, à cette époque, ne pouvaient être desservis par les voies ordinaires du crédit bancaire[32] ». Panouillot[33] explique que le système avait pour objectif de stimuler l'épargne des Africains ou de proposer un substitut à son niveau insuffisant. Il ne souhaitait pas privilégier les investissements métropolitains par rapport

31. Cissé, *op. cit.*, p. 12-13.
32. *Ibid.*, p. 14.
33. Panouillot, *op. cit.*, p. 32-42. Cf. également Pacquement in Dimier Stockwell 2020.

aux investissements nationaux. La promotion économique visait les entreprises locales, quels que soient leur origine ou leurs propriétaires. La Caisse souhaitait promouvoir l'initiative domestique, qu'elle soit française ou africaine, même si, dans l'après-guerre, il paraissait encore difficile d'avoir une vision claire des entreprises africaines.

Le Crédit de Guinée élargit rapidement son activité à celle de banque de développement, pour financer les petites et moyennes entreprises locales. Ancien directeur à Conakry, Yves Jaffrezic décrit, dans une étude sur le Crédit Agricole[34], les filiales bancaires comme « des institutions nationales publiques polyvalentes, qui ont (…) compétence pour le crédit à l'habitat, les projets industriels et le financement des programmes d'équipement des organismes publics et des collectivités publiques secondaires. La Caisse centrale aide ces sociétés par l'octroi d'avances globales destinées à leurs opérations courantes en matière d'habitat et de Crédit Agricole ou artisanal, et par des avances spéciales affectées à des projets spécifiques d'industrialisation ou d'équipements publics. »

Les autres secteurs

Pour les grandes entreprises, la Caisse centrale apporte un financement direct, qui peut comporter une prise de participation et un crédit. Panouillot donne deux cas en Guinée[35] :

> « – La Société des bauxites du Midi, qui est entièrement contrôlée par des intérêts canadiens, exporte des îles de Loos, qui se trouvent en face de Conakry, quelques centaines de milliers de tonnes de bauxite qui sont traitées au Canada pour être transformées en aluminium.
> – La Compagnie minière de Conakry qui (…) exploite le beau gisement de minerai de fer de la presqu'île du

34. « Crédit Agricole et Organisation Coopérative dans les États d'Afrique Noire membres de la zone Franc et à Madagascar », *Revue d'études coopératives*, n° 141, 1965, p. 357.
35. Panouillot, *op. cit.*, p. 101.

> Kaloum, dans la partie maritime de la Guinée. (…) Pour parvenir à monter cette affaire, il a fallu recourir à diverses formules de financement. Un capital assez élevé a été constitué (…) et comporte une participation majoritaire d'intérêts privés – où figurent d'ailleurs les Anglais – et une participation minoritaire d'intérêts publics représentés par le Bureau Minier de la France d'Outre-Mer et par la CCFOM. Le complément de financement a été apporté sous la forme d'un prêt à long terme de la Caisse Centrale à la Société. Cette affaire est entrée maintenant dans la phase d'exploitation et a exporté en 1953 400000 tonnes de minerai de fer. Ce minerai est actuellement presque intégralement placé en Angleterre. C'est un minerai assez beau, mais qui comporte des particularités auxquelles s'est adaptée l'industrie sidérurgique anglaise. Cette société commence à trouver son équilibre, ce qui est une brillante réussite en si peu d'années. Le problème pour elle est de développer sa clientèle et de rechercher notamment des acheteurs dans divers pays d'Europe. »

Dans le domaine du développement rural, les services de l'agriculture relevant de l'Administration de la France d'Outre-Mer sont parmi les plus anciens et s'appuient sur une série de stations spécialisées selon la vocation agricole des régions, telles en Guinée et au Cameroun « deux stations du quinquina, qui sont des stations d'essai, et fabriquent de la quinine. À part le quinquina (…), les stations des services de l'agriculture s'occupent surtout des produits vivriers tels que le riz. Le manioc, le sorgho ou le mil qui forment la base de l'alimentation des Africains, et elles s'occupent également du cacao et du café. L'Institut pour les fruits et agrumes (IFAC) est basé sur le Fouta Djalon en Guinée où il a sa station principale qui étudie les bananes, ananas et quelques autres fruits tropicaux. (…) Du côté de l'institut des fruits et agrumes, l'action a eu surtout pour but de limiter des dégâts causés par les maladies qui s'attaquent par exemple aux bananes ou aux ananas. Ces maladies, ou plus exactement les animaux nuisibles qui s'attaquent aux bananes, causent des dégâts considérables qui entraînent des pertes de production chaque année pouvant aller du quart aux trois quarts.

L'IFAC a mis au point des procédés permettant par exemple l'élimination du charançon en Guinée ou de certaines maladies comme le cercospora qui est une maladie extrêmement destructrice »[36].

Enfin, il convient de citer l'exploration minière, qui se fait par l'intermédiaire d'une autre filiale de la loi de 1946, le Bureau Minier de la France d'Outre-Mer, Société d'État créée en 1948. En effet, alors, l'or[37] et le diamant sont recherchés par des particuliers en Guinée. Selon Claude Panouillot, « la Société d'État est une société qui fonctionne selon des lois et usages du commerce comme une entreprise privée, mais dont le capital est entièrement constitué par des ressources publiques. En fait, le capital du Bureau minier, qui est actuellement d'1,5 Md F, a été constitué intégralement par la CCFOM, elle-même utilisant à cet effet les ressources de la Section générale du FIDES. Indépendamment de ces 1,5 Md, c'est le FIDES qui a fourni au Bureau Minier chaque année les sommes nécessaires pour qu'il poursuive son activité, et à ce jour, au total, le Bureau Minier de la France d'Outre-Mer a reçu environ 11 milliards du FIDES. (...) Le Bureau minier a ouvert cinq grands centres dont deux sont en Guinée (...) ».

Ainsi se déploie, en Guinée comme dans ses autres implantations, la toile des activités de la Caisse centrale. L'établissement a trouvé la dimension qu'il va conserver quelques années, avec moins de 200 personnes au siège à Paris et environ 500 dans son réseau[38] y compris les agents consacrés au contrôle des changes, compétence historique, juridiquement dissociée dans les Offices de change, mais de fait intimement liée aux agences. L'esprit de la Résistance et des luttes contre la dictature nazie caractérise un personnel dont la culture est animée en outre par un certain esprit d'aventure et par l'idéal de la conférence de Brazzaville.

---

36. *Ibid.*, p. 59-61.
37. Selon Panouillot (*op. cit.*, p. 63) : « Il y a quelques années encore en Guinée, dans la région de Siguiri, trois tonnes d'or étaient produites par des exploitations artisanales ».
38. Alix Le Masson, *op. cit.*, tableau p. 450.

2

La parenthèse obligée au lendemain de la proclamation d'indépendance

Cette phrase de Sékou Touré, en 1958, est rentrée dans l'histoire : « Nous préférons la pauvreté dans la liberté à la richesse dans l'esclavage[1]. » Pour certains, sa décision de voter non au référendum constitutionnel établissant l'Union française tenait à la conviction que la menace de suspension des aides économiques était un bluff. À Conakry, le directeur de l'agence de l'Institut d'émission pour l'AOF et le Togo confirme à son directeur général cette impression :

> « Certains Africains avec lesquels je me suis entretenu (en particulier le ministre des Finances rencontré inopinément à l'aérogare) ne semblent pas croire [...] à cette éventualité, persuadés que le gouvernement français n'osera pas rompre brutalement les relations et qu'il n'y aura en pratique aucune différence de régime entre les territoires qui auront voté oui et ceux qui auront voté non[2]. » Ou encore : « Comment la France

1. Discours du président du Conseil de gouvernement de la Guinée française à l'approche du référendum, 25 août 1958.
2. Source : Centre des Archives économiques et financières (CAEF), Répertoire 1018, dossier B 0062/203, lettre au Directeur Général de l'Institut d'émission pour l'AOF et le Togo, Conakry, 16 septembre 1958.

> pouvait-elle abandonner les investissements faits en Guinée, un des pays les plus riches de l'Afrique occidentale française[3] ? »

Après un départ massif et sans préavis, la France laissait alors la place à un déploiement sans précédent de l'aide internationale. Si ce départ a toutefois clairement ménagé le secteur privé, il n'a pu empêcher le maintien de liens divers. Sur cette période, on trouvera, dans les compléments, le témoignage d'André Postel-Vinay, qui prend part aux débats suscités par l'indépendance.

Un départ massif et non anticipé

Seule parmi les appelés à l'Union française, la Guinée vote à 98 % non au référendum du 28 septembre 1958. La réaction ne se fait pas attendre : le lendemain « le gouverneur français informe Sékou Touré qu'à partir du 30, Paris mettra fin à toutes les aides jusqu'alors consenties et retirera son personnel technique, y compris les forces armées. (…) Quatre jours après le référendum, l'Assemblée législative de la Guinée proclame l'indépendance du pays. Le nouvel État obtient la reconnaissance immédiate de l'Union soviétique, de l'Égypte et du Ghana, bientôt suivis par les pays communistes et les États arabes. De son côté, la France décide de conditionner la reconnaissance *de jure* de la Guinée au règlement des questions pendantes et demande à ses alliés occidentaux d'attendre une initiative française avant de procéder à la reconnaissance. (…) La France suspendit son aide. En un mois, l'administration guinéenne se vit privée de tous les techniciens et fonctionnaires français, y compris les médecins, les infirmières, les enseignants, les responsables de la sécurité aérienne, etc. »[4].

Le 1er décembre, M. Sékou Touré demande au général de Gaulle que la France assume le parrainage de la candidature

3. Migani 2012, p. 263. Selon un échange avec l'autrice en juillet 2020, il s'agit de Jacques Silvain.
4. *Ibid.*, p. 264.

guinéenne à l'Organisation des Nations Unies (ONU). Cette demande ne reçoit pas de suite et la Guinée est admise à l'ONU par décision du Conseil de Sécurité du 9 décembre et de l'Assemblée générale du 12 décembre. Ces deux organes se prononcent à l'unanimité moins la voix de la France[5]. Ce n'est pas la seule mesure de rétorsion, d'autant plus inattendue que :

> « Tous les États métropolitains qui ont consenti à l'indépendance de certains de leurs territoires dépendants ont, avant d'accorder cette indépendance immédiatement ou à terme, conduit des négociations avec l'État à naître, en vue de ménager des transitions et d'obtenir des avantages. Mais aucun d'eux n'a hésité devant la reconnaissance de jure d'un État à qui il a accordé l'indépendance et aucun d'eux n'a posé comme condition d'une telle reconnaissance la conclusion d'accords portant sur des points déterminés. Dans le cas de la Guinée, l'indépendance a été acquise sans aucune négociation, ni condition préalable. La France n'a posé des conditions qu'en échange de la reconnaissance de jure. La différence entre la méthode suivie par la France dans le cas de la Guinée et celle appliquée par d'autres anciennes métropoles réside donc davantage dans la forme, la procédure, la chronologie. Elle n'en revêt pas moins une importance psychologique, politique et même juridique. (…) Quant au traitement du nouvel État par l'ancienne métropole, rappelons que la plupart des fonctionnaires français restèrent en place après l'accession à l'indépendance de la Tunisie et du Maroc[6] et que ces deux pays continuèrent de bénéficier de l'aide financière de la France. Sur ce dernier point, la différence avec la Guinée est évidente. Cette différence s'explique par l'établissement de la Communauté, par les déclarations faites par le général de Gaulle avant le référendum (« ceux qui prendront leur indépendance, le feront à leurs risques et périls ») par la volonté de ne pas offrir « une prime à la sécession[7]. »

5. Georges Fischer, « L'indépendance de la Guinée et les accords franco-guinéens », *Annuaire français de droit international*, vol. 4, 1958, p. 711-722, ici p. 713.
6. Les deux pays offraient un appui substantiel au FLN algérien.
7. Fischer, *op. cit.*, p. 717.

Finalement, après plusieurs semaines de tension, « les accords du 7 janvier équivalent à une reconnaissance de jure (...) Peu de temps après un échange de représentants diplomatiques a été effectué entre les deux pays. Ces accords sont au nombre de trois et concernent respectivement l'appartenance de la Guinée à la zone franc, la coopération technique et administrative et les échanges culturels entre les deux pays. Il apparaît donc que pour le Gouvernement français, le règlement de ces trois problèmes constituait la condition de la reconnaissance de jure et l'on constate ainsi un assouplissement de l'attitude antérieure »[8]. Pour autant, « dans le système français d'assistance technique et en particulier dans celui qui est appliqué dans les relations avec le Laos, le Cambodge, le Vietnam, la Tunisie et le Maroc, la France couvre quelquefois la totalité, plus souvent une partie de la rémunération versée aux assistants techniques français. (...) Les arrangements relatifs à la contribution de la France ne figurent pas toujours dans le texte même des accords mais sont publiés au moyen de communiqués du Gouvernement. Rien n'a encore été dit au sujet de ce problème tel qu'il se posera en Guinée. Il est cependant clair que l'ampleur de l'assistance technique et culturelle dépendra de la solution qui sera donnée à ce problème financier »[9]. Cette interrogation formulée à la fin de 1958 est de courte durée : la France rappela ses cadres, assistants, fonctionnaires, rompit les contrats en cours – à l'exception de l'exploitation des mines de bauxite par Fria.

Le pays participe encore quelque temps à la zone franc. Le directeur général de la Caisse centrale essaye de plaider en faveur d'une normalisation[10], à tout le moins, d'une exception diplomatique en faveur de l'aide au développement. L'agence est fermée (Jacques Brisac étant directeur, en juin 1959 ou peu après[11]). Si les opérations sont suspendues, l'effet n'est pas

8. *Ibid.*, p. 718.
9. *Ibid.*, p. 722.
10. *La passion du développement 32 ans de Caisse centrale*, éditions AFD, 2019, p. 199-202 (archive reproduite dans les compléments en fin de livre).
11. Source : dossier personnel de Claude Roquefort Villeneuve, adjoint de l'agence.

immédiat, et la Caisse centrale garde un encours substantiel en Guinée – qui se traduit par une aide négative de la France à la Guinée dans les statistiques présentées in fine sur l'aide reçue par le pays). La décision, en mars 1960, de créer une monnaie nationale guinéenne marque une étape supplémentaire dans la détérioration de la relation, tout en faisant craindre (par-delà une certaine dramatisation) un risque de contagion susceptible de compromettre toute perspective de cohésion économique en Afrique francophone.

La Caisse centrale s'est progressivement retirée de ses filiales. Si les termes de ce retrait n'ont pas encore été retrouvés dans ses archives, ils devaient comporter des dispositions tant sur la reprise de la participation détenue par la Caisse centrale (en son nom ou ne celui de l'État), sur le personnel détaché et sur les prêts en cours. Il n'est fait aucune mention de la Guinée dans le premier rapport d'activité qui publie la liste des participations (en 1964), donc la rupture avait dû être déjà consommée. Le Crédit de Guinée est transformé en banque de développement, qui se caractérise par ses nombreuses activités et le soutien qu'elle apporte à la réalisation des plans successifs[12]. EEG devient la Société Nationale d'électricité (SNE) en 1961[13].

Un déploiement singulier de l'aide internationale

Le retrait de toute forme d'aide française mettait la Guinée dans l'obligation d'aller chercher ailleurs aide et financements. Les stratégies de l'URSS et de la Chine à l'égard des pays en développement se sont affirmées dès le début des années 1950, s'opposant à celles des États-Unis. En outre, après Bandoeng, les autres pays socialistes développent aussi souvent leur

12. Cf. notamment plusieurs mentions dans « Les Banques de développement en Afrique noire francophone », *Tiers-Monde*, tome 6, n° 21, 1965, Croissance-Développement-Progrès, p. 265-271.

13. http://tpeamklac.e-monsite.com/pages/besoins-et-productions-d-electricite-en-guinee.html

propre politique envers le Tiers monde. Pour atténuer l'impact du retrait français, Sékou Touré demande l'aide de l'URSS et de la Chine. Cet appui se matérialise dès 1959 par une série d'accords commerciaux (envoi de matériels, de textile et de biens de consommation en échange de produits agricoles), industriels et culturels (briqueterie, centrale électrique, imprimerie « Patrice Lumumba », etc.) et sur la sécurité (appui des services de la Sécurité[14]). « Sékou Touré se montre prudent face aux manœuvres du bloc communiste. Il accepte les aides des pays communistes, mais il prend soin de les contrebalancer par des approches en direction du monde occidental. Son voyage à Moscou, par exemple, est précédé d'une visite d'État à Washington et à Londres, et suivi d'une visite à Bonn[15]. » Les relations de la Guinée avec l'URSS peuvent être ambivalentes, et une crise éclate lors d'un « complot des enseignants », crise qui se traduit par l'expulsion de l'ambassadeur soviétique et la venue du vice-Premier ministre Mikoyan lui-même pour tenter – avec succès mais laborieusement – la réconciliation[16].

La Guinée est le premier pays africain sub-saharien à avoir établi les relations diplomatiques avec la Chine (le 4 octobre 1959), dont l'aide a permis la construction d'infrastructures, stades, routes, écoles et un palais des congrès. Des prêts ont permis de financer les premiers plans de développement.

Partage de l'effort financier, ou opportunité de se saisir des dépouilles d'un monopole politique révolu, la diversification des bailleurs de fonds ne se fait pas que dans le camp communiste. Parmi les facteurs qui y contribuent, la montée en puissance de l'aide des États-Unis et les débuts de l'intérêt de l'aide canadienne pour les pays francophones indépendants, mais aussi la création en 1963 de la Banque africaine de Développement (BAD), dont le pays va bénéficier. La Guinée en outre adhère au Fonds Monétaire International (FMI) ainsi qu'à la Banque mondiale le 28 septembre 1963 (100e membre de la Banque). Elle signe son premier accord de prêt avec la

14. André Lewin, *Sékou Toure*, vol. 3, chapitre 38.
15. Migani 2012, p. 266-267.
16. Lewin 2003, p. 85.

Banque le 30 mars 1966, pour élaborer le cadre détaillé d'ingénierie de Boké (conception et exploration foncière pour l'établissement d'un chemin de fer, d'un port et d'un site urbain, autour de l'extraction de la bauxite), dans la perspective d'un financement ultérieur par la Banque du projet. Elle rejoint le guichet concessionnel de la Banque mondiale, l'Association Internationale de Développement (AID), le 26 septembre 1969 (dont elle devient alors le 104e membre).

Dans un entretien pour la télévision française[17], un journaliste observe que « des dizaines de caisses, venant d'URSS, débarquent tous les jours au port de Conakry. Même les Chinois sont là. Ils construisent, en ce moment, une fabrique d'allumettes. Partout, les ambassades des pays de l'Est ont pignon sur rue. » Sékou Touré lui répond : « Nous ne pouvons pas être un satellite. Vous connaissez à peu près la Guinée, pour avoir mis en avant nos problèmes de l'indépendance et de la dignité. Nous estimons que l'état matériel d'un pays ne saurait, en aucun cas, être une raison de le dépouiller de ce qu'il considère le bien suprême, la liberté et la dignité. La Guinée a signé un certain nombre d'accords avec l'Union soviétique comme elle a signé un certain nombre d'accords avec de nombreux autres pays. » Le journaliste poursuit par une critique en règle de l'aide du bloc communiste : « (…) Sans doute, la Guinée n'est-elle pas devenue un véritable satellite. Lorsqu'en 1958, les ponts entre elle et la France ont été coupés, il lui a bien fallu vivre. Les pays de l'Est ont alors profité de l'occasion. On ne peut pas dire que leur réussite ait été complète. On n'improvise pas, du jour au lendemain, une aide à un pays sous-développé, surtout lorsqu'il s'agit de l'Afrique. Sans parler de l'affaire des chasse-neige et autres bidets, des dizaines de caisses portant des inscriptions russes achèvent de pourrir un peu partout à Conakry. Des planches moisissent, des tas de ferraille se rouillent. Jamais les Guinéens n'ont trouvé à utiliser tout cela. Les Russes ont doté l'aéroport de Conakry d'une tour de contrôle moderne. Ils n'ont oublié que le radar. Pour le remplacer, les Guinéens ont été

17. https://fresques.ina.fr/independances/impression/fiche-media/Indepe00094/la-guinee-cinq-ans-apres.html

obligés d'installer une station de radioguidage provisoire. Si le matériel lourd, fourni par les pays de l'Est, est important, si la Guinée leur rend, en échange, de nombreux produits agricoles, 90 % notamment de sa production d'ananas, aucune denrée alimentaire n'est exportée par l'URSS ou ses satellites à destination de Conakry. Comme, par ailleurs, le pays se refuse à importer des produits occidentaux, il est obligé de vivre sur ses propres ressources, qui sont bien maigres en dehors du riz et des bananes. C'est pour toutes ces raisons que la Guinée ne tourne plus le dos à la France. Vous avez choisi la difficulté, Monsieur le Président, dans la voie de votre développement. Vous avez choisi l'austérité». Sékou Touré :

> «Oui. Nous pensons qu'il est mieux de commencer par les difficultés à aller rapidement vers le bonheur que de commencer par la facilité et rencontrer, sur le chemin, les obstacles infranchissables. Un peuple ne peut d'abord compter que sur ses capacités, sur sa conscience, sur ses possibilités. Et compter sur l'aide extérieure, c'est compromettre l'avenir. Pour nous, l'évolution de la Guinée ne sera l'œuvre que du peuple guinéen. Il faut donc qu'il travaille.»

L'indépendance de la Guinée donna lieu à de nombreux débats en Europe, par-delà les milieux de l'aide, notamment dans les partis communistes, appelés à prendre en compte le nombre croissant d'États dans leur analyse politique. Gabriele Siracusano en voit les répercussions dans «le rôle des grandes puissances sur l'échiquier international» :

> «Selon Alessandro Iandolo, c'est l'isolement de la Guinée qui conduisit Sékou Touré à coopérer avec l'URSS, les Soviétiques appréciant d'ailleurs l'idéologie du président guinéen, ex-syndicaliste de la CGT[18]. Les communistes français, au moment de l'indépendance de Conakry, réactivèrent leurs contacts africains et envoyèrent beaucoup de coopérants, de syndicalistes et d'enseignants, pour aider le nouvel État dans

18. A. Iandolo, «The Rise and the Fall of the "Soviet Model of Development" in West Africa», *Cold War History*, 4, 2012, p. 683-704.

> la voie du socialisme. Cela passa – selon l'opinion du PCF – par une différenciation des classes, et donc l'industrialisation du pays et l'émergence d'un vrai prolétariat. Pour Suret-Canale, l'apport de la coopération soviétique sur ce terrain était fondamental, parce que cela devait finalement transformer la société et l'économie du pays africain, en créant une classe ouvrière, ce qui permettrait enfin d'accéder au socialisme. (…) L'aide de Moscou à la République de Guinée fut considérable, car l'URSS versait un important flux de roubles dans les caisses du pays africain avec des taux d'intérêt très bas. Les Soviétiques proposaient aux pays décolonisés une "voie non capitaliste" de développement : à l'intérieur d'une stratégie de "compétition pacifique", ce modèle de développement était utile pour soustraire le Tiers Monde à l'influence occidentale, mais aussi pour élargir le camp socialiste[19]. »

L'analyse même des processus déployés en Guinée fait écho à des débats entre tenants de l'orthodoxie soviétique (défendue par le parti communiste français) et le maoïsme, qui se complexifient avec l'affirmation d'une troisième voie par le président Tito de Yougoslavie qui ambitionnait de prendre la direction du mouvement des non-alignés. Du côté de l'histoire de l'aide au développement, la concurrence de la Chine s'affirme lors du voyage de Zhou Enlai en Afrique en 1964, où il théorise les principes de l'aide chinoise, et signe un accord de coopération technique avec la Guinée.

André Postel-Vinay[20] observe en 1964 :

> « (L'aide française) se justifie par des préoccupations politiques à long terme et, surtout, par des motifs de solidarité humaine. On peut tout d'abord penser qu'une réduction de notre aide favoriserait le progrès de l'influence russe ou chinoise. Cependant, l'exemple de la Guinée montre que cet argument est assez fragile. En effet, en 1959, nous avons supprimé notre aide à la Guinée d'une manière totale. Or, malgré cette suppression soudaine et complète de l'aide française, nous constatons,

19. Gabriele Siracusano, *op. cit.*, p. 6.
20. Postel-Vinay, *op. cit.*, p. 205.

après quatre ans d'expérience, que les dirigeants guinéens se montrent très déçus de l'aide soviétique, que l'aide chinoise ne se concrétise guère, et que la Guinée n'est pas tombée sous la dépendance des pays de l'Est. Cette expérience guinéenne permet donc de croire que nous pourrions réduire notre aide à l'Afrique tropicale sans que l'influence russe ou chinoise s'en trouve favorisée. Il est d'ailleurs bien probable que les pays francophones de l'Afrique tropicale ne sont pas considérés par les pays de l'Est comme un secteur d'un intérêt politique assez prioritaire pour mériter des sacrifices importants. »

Dans une interview, Kapuscinski[21] évoque également des chasse-neiges soviétiques en Guinée. La tradition orale est même allée jusqu'à en faire des brise-glaces… le monde de l'aide n'est pas exempt de mythes, comme autant de miroirs déformants – à moins que ce ne soient des révélateurs. En effet, le rapport pays de la Banque mondiale établi en 1966 décrit parmi les premiers investissements financés par l'aide soviétique la création et l'équipement d'Air Guinée, pour déplorer dans le même paragraphe les coûts qui tiennent notamment à une flotte hétérogène… Postel-Vinay[22] précise :

> « Nous serions même, je crois, disposés à normaliser nos relations avec la Guinée, sous réserve qu'elle reconnaisse ses dettes à notre égard. En définitive, il semble que les seuls pays auxquels il y aurait lieu de refuser notre aide par principe, sont ceux qui viendraient à tomber dans la dépendance des États communistes ou qui donneraient des symptômes malsains de francophobie. Dans un domaine moins politique et plus technique, il va de soi qu'un certain degré de désordre ou l'inexécution d'engagements pris à notre égard peuvent également constituer des motifs légitimes d'une interruption ou d'une réduction de notre aide. Cette conception libérale de l'aide française exclut, bien entendu, que nous cherchions à limiter les concours étrangers ou internationaux qui peuvent s'offrir aux pays francophones de l'Afrique tropicale. »

21. Krzysztof Pomian et Ryszard Kapuscinski, « Un tour du monde en cinquante ans », *Le Débat*, n° 120, p. 181.
22. Postel-Vinay, *op. cit.*, p. 205.

Ainsi, l'aide au développement apparaît-elle clairement, dans cette période de foisonnement, comme le théâtre d'enjeux politiques nombreux et conflictuels. La Guinée s'affirme comme un terrain symbolique de la guerre froide, et la portée de cet enjeu touche même les opinions, avec notamment les débats qu'ont connu notamment les partis communistes. Mais le développement trouve-t-il son compte dans cette surenchère ? Les concours sollicités et obtenus de la Chine et de l'URSS devaient servir davantage à combler un déficit financier qu'à engranger des véritables actions de développement[23]. Comment les statistiques permettent-elles d'examiner cette thèse ?

Les États-Unis apportent une aide financière considérable à la Guinée dès l'officialisation de la rupture avec la France, au point de représenter pratiquement la totalité de la part des bailleurs de fonds du CAD. Il est clair que si la France s'est effacée en Guinée, la place a été vite prise, comme le pressentait Postel-Vinay. Pour autant, il convient de noter deux points : le CAD ne comptabilisait pas les contributions des pays communistes dans ses premières années ; d'autre part, l'aide française apparait en négatif, du fait du remboursement par les entreprises des concours reçus dans les années 1950[24] – il ne s'agit qu'accessoirement de remboursements de l'État.

23. Alpha Ibrahima Diallo, « Les problèmes liés à l'aide publique au développement en Guinée », mémoire du Master Études européennes et relations internationales, ENA, Strasbourg, 2018, p. 15.

24. Avec au moins une exception, selon Tixier Gilbert (« La succession à la Régie des chemins de fer de l'AOF. Problèmes posés par l'apparition de nouveaux États », *Annuaire français de droit international*, vol. 11, 1965, p. 916-932, p. 921) : du jour au lendemain, le directeur (de la Régie fédérale des Chemins de fer de l'AOF) perdit toutes ses attributions à l'égard de (la Guinée) ; tout contact cessa avec l'Office central à Paris. De plus, le règlement des dettes (charges et amortissement de la part des emprunts dont avait bénéficié la Région Conakry-Niger) ne fut jamais opéré. L'Office national des chemins de fer guinéen gère donc la ligne Conakry-Kankan, entièrement située sur le territoire guinéen, ainsi qu'une ligne à voie normale longue de 17 km qui fut construite récemment pour évacuer la bauxite du gisement exploité par FRIA (Compagnie internationale pour la production de l'alumine).

La Banque mondiale[25] observe que « la Guinée occupe une place très importante parmi les pays les moins avancés en termes d'aide étrangère reçue, en rapport avec la population, la production nationale et l'investissement. Pour la période allant du retrait de la Guinée de la zone franc, à savoir du 1er mars 1960 au 30 juin 1966, on estime que l'afflux brut d'aide aurait été en moyenne de 43 millions de dollars par an. Cela représente environ 12 dollars par habitant, environ 20 % du produit intérieur brut et environ 80 % des investissements en capital fixe. » Comment se répartit l'effort concret ? Si l'on en juge par l'encours effectif de crédit, « sur la dette publique extérieure impayée de 206,5 millions de dollars au 30 juin 1966, la plus grande somme est due aux États-Unis d'Amérique (81,3 millions de dollars), suivis de la République fédérale d'Allemagne (17,9 millions de dollars) et de la Chine continentale (17,1 millions de dollars). (...) L'aide russe a été accordée à des projets industriels (usine de transformation des aliments de Mamou et usine de transformation du bois N'Zerekore), à la construction d'un hôtel, à un projet d'élevage de bétail, à l'Institut polytechnique de Conakry et à des installations connexes telles qu'un stade de sport. L'aide chinoise a été destinée à des installations industrielles (fabrique de cigarettes d'allumettes et de thé), à une centrale hydroélectrique et à la construction d'une très grande structure gouvernementale à Conakry, connue sous le nom de Palais du peuple, pour abriter notamment l'Assemblée législative nationale. La République fédérale d'Allemagne a consenti des prêts pour le transport ferroviaire, les équipements de construction de routes et les installations téléphoniques. Les prêts de la Yougoslavie ont été accordés à une briqueterie, à une fabrique de meubles et à la construction d'un barrage et d'une centrale hydroélectrique. »

En matière de coopération technique, le rapport pays de la Banque mondiale établi en 1966 fait état de la présence de 2025 experts étrangers, selon la répartition suivante.

25. *Economic trends and prospects in the Republic of Guinea*, vol. 1, septembre 1967, p. 36 (traduit par mes soins).

Tableau 2 : Dénombrement par origine des experts étrangers actifs en Guinée en 1966

Assistance technique bilatérale de pays OCDE	320
Assistance technique Yougoslave	40
RP Chine	250
URSS[26]	250
Autres pays communistes	100
Assistance technique NU	15
Investissement privé étranger	500
Agences de volontaires (non gouvernementales)	150
Autres achats de compétences financés par le pays hors programmes d'aide	400

La Banque mondiale dénombre la population des boursiers guinéens, selon les secteurs et les pays d'accueil : sur 941 stagiaires, 287 sont accueillis dans d'autres pays africains (dont 204 en Afrique du Nord), 122 en URSS, 251 en Europe de l'Est et 83 aux États-Unis[27].

> « La nationalisation de plusieurs entreprises et du commerce, selon Suret-Canale, avait pour but de prendre le contrôle effectif de l'économie nationale pour répondre aux pressions impérialistes qui poussaient Conakry vers le rapprochement avec les États-Unis et la Communauté européenne. Les politiques de nationalisation accomplies par Sékou Touré et Modibo Keita entre 1964 et 1967 avaient suscité des réactions controversées dans les milieux communistes, car on observait que – d'une part – ces initiatives s'opposaient à l'intrusion occidentale en même temps qu'elles avaient des liens évidents avec l'idéologie maoïste. La volonté soudaine de détruire la mentalité

26. Bartenev précise quelques difficultés matérielles pour la mise en place de cette assistance technique (« L'URSS et l'Afrique noire sous Khrouchtchev : la mise à jour des mythes de la coopération », *Outre-mers*, tome 94, n° 354-355, 1er semestre 2007, L'URSS et le Sud, p. 69).
27. Banque mondiale, *op. cit.*, vol. 2, annexe table 49, p. 95.

> traditionnelle pour créer une pensée et une société nouvelles, montrait que la révolution culturelle chinoise était bien un modèle[28]. »

Conséquence, la Banque mondiale et le FMI sont rapidement préoccupés par la situation financière du pays[29].

Des sanctions attentives à l'intérêt économique : l'Aluminium

Depuis 1958 les échanges commerciaux avec Paris ont diminué, mais ils restent importants pour certaines matières premières. Le Fonds de stabilisation des changes[30] a continué à recevoir les devises étrangères qui sont investies en Guinée. Elles représentent un montant non négligeable en raison de l'extraction de la bauxite et de la production d'alumine dans le nord-ouest du pays, à Fria, par un consortium de sociétés (américaine, anglaise, suisse, allemande et française)[31].

Alors que les opérations de la Caisse centrale changent progressivement de nature après les indépendances, et que le prêt aux États s'impose progressivement comme une nouvelle modalité de l'aide française, les sanctions en maintiennent la Guinée à l'écart. Les projets en cours concernent essentiellement des financements d'entreprises, notamment pour l'exploitation des gisements de bauxite de Boké, Dabola et de

---

28. Gabriele Siracusano, *op. cit.*, p. 12.
29. Archives en ligne de la Banque mondiale ISAD(G) Reference Code: WB IBRD/IDA 03 EXC-10-4549S WorldBankGroupArchivesFolder1771065, p. 89 notamment.
30. Dispositif de la Zone Franc qui garantit la stabilité du franc CFA.
31. Migani (2012, p. 268) cite parmi les références sur ce projet : Jacques Larrue, *FRIA en Guinée*, Paris, L'Harmattan, 1997 ; Bonnie K. Campbell, *Les enjeux de la bauxite. La Guinée face aux multinationales de l'aluminium*, Montréal, Presses de l'Université de Montréal, 1983 ; Florence Hachez-Leroy, « Enjeux et stratégies internationaux dans le secteur de l'aluminium en Afrique (1960-2010) », in Émilia Robin-Hivert et Georges-Henri Soutou (dir.), *L'Afrique indépendante dans le système international*, Paris, PUPS, 2012, p. 261-281.

Kindia par la valorisation de la puissance hydraulique assurée par un barrage sur le fleuve Konkouré, à Souapiti.

Jusqu'en 1963 (p. 31), le rapport d'activité de la Caisse centrale cite Fria parmi les activités en faveur du secteur privé en Guinée. Les sanctions ne touchent en effet que le secteur public. Le projet associe usine, chemin de fer, port, cité.

> « La phase active des travaux de montage de l'usine commença en juin 1958 ; au mois d'août, la route desservant Fria (...) était ouverte à la circulation. C'est alors que survint, le 28 septembre 1958, l'indépendance de la Guinée, événement que nul ne prévoyait. On sait que tous les concours financiers et techniques que le gouvernement français prêtait à la Guinée furent immédiatement suspendus et que de nombreuses entreprises privées suivirent cette politique, allant parfois jusqu'au dégagement total, ou se bornant à l'expectative, par manque de confiance dans l'avenir de leurs investissements. La situation de Fria était particulière. Les travaux essentiels avaient été effectués et près de la moitié des investissements prévus (environ 32 Mds d'anciens francs) avaient été engagés. Deux possibilités s'offraient : abandonner par crainte des risques, avec la perte sèche qui en aurait résulté : ou bien faire confiance au nouvel État guinéen et risquer les 36 Mds supplémentaires restant à investir. Le caractère international de la Société pesa sur la décision, la direction y voyant une garantie : une société purement française pouvait craindre d'être traitée sans ménagement, en raison de la politique gouvernementale française en matière guinéenne ; en revanche, la République de Guinée, soucieuse de sortir de son isolement et d'obtenir la reconnaissance internationale, n'avait pas intérêt à mécontenter les participants non français, dont les gouvernements auraient pu user de représailles. Ces considérations firent prévaloir la seconde solution. Les travaux furent poursuivis au rythme prévu[32]. Dès la fin de l'année 1959, le chemin de fer put assurer l'essentiel des transports de Conakry à Fria, et notamment l'acheminement des matières premières nécessaires au démarrage de l'usine. Le montage fut achevé en janvier 1960, et à la fin de mars une première moitié des installations était mise en production ; l'autre moitié l'était en

32. Ce qui suggère que la Caisse centrale a bien décaissé ses concours.

> juin. Le port aluminier de Conakry procédait aux premières exportations. Pour l'époque, des délais aussi courts relèvent de l'exploit technique eu égard à des conditions exceptionnellement difficiles[33]. »

Dès 1960, dans le contexte de la guerre froide, « le critère dominant du financement des ouvrages hydrauliques fut redéfini, passant par l'alignement des États africains sur l'Occident[34]. » L'association des anciens Territoires d'Outremer au Marché commun ne déboucha pas sur une intégration mais sur un ajustement de la protection des intérêts des Empires dans le nouvel environnement international.

> « Lors de leur indépendance, la Guinée et les deux Congo héritèrent des dossiers de barrages inachevés que les anciennes métropoles commuèrent en instruments de contrôle en pratiquant une diplomatie à géométrie variable, y compris dans le cadre de la CEE et des relations internationales extra-européennes. (…) Le "non" guinéen à la Communauté française conforta ces appréhensions. Il provoqua une tension diplomatique, bien que feutrée, entre Ottawa et Paris ainsi qu'entre Ottawa et Conakry. Paris se déclarait opposée à la reconnaissance immédiate, inconditionnelle, de l'indépendance guinéenne par les pays occidentaux, alors qu'Ottawa voulait procéder à cette reconnaissance pour protéger les intérêts d'ALCAN, tout en craignant de froisser les "*French susceptibilities*". ALCAN dénonçait le traitement discriminatoire que lui réservait Paris et suspendit son programme d'investissement en Guinée, tandis que Conakry pressait Ottawa de reconnaître son indépendance et de sécuriser ainsi les capitaux canadiens déjà investis en Guinée ou qui le seraient à l'avenir dans le nouvel État indépendant. Ces tensions ne se dénouèrent que longtemps après 1960. (…) Hervé Alphand, ambassadeur de France à Washington, convainquit Dillon, le sous-secrétaire américain au Département d'État,

33. Jean Suret-Canale, « FRIA. Un exemple d'industrialisation africaine », *Annales de Géographie*, t. 73, n° 396, 1964, p. 177.
34. Mukanya Kaninda-Muana, Jean-Bruno, « Projets français et belge de grands barrages africains, 1954-1960. Nationalismes, Eurafrique ou panafricanisme ? », *Relations internationales*, n° 174, 2018, p. 90.

qu'un geste américain spectaculaire en faveur de la Guinée enverrait aux pays voisins le message que ce pays bénéficiait d'une prime à l'hostilité vis-à-vis de la France et une incitation à entretenir de bonnes relations avec l'Est. Les États-Unis, qui soutenaient la Communauté française, se montrèrent conciliants. Ils acceptèrent de faire à l'égard du projet Kouilou un geste semblable à celui prévu initialement pour le Konkouré. Le 27 juin, les compagnies d'aluminium subordonnèrent la réalisation du Konkouré à l'entrée de la Guinée à la BIRD et invitèrent cette dernière et le Département d'État à exercer des pressions sur Conakry. L'acceptation ou le refus de cette condition par Sékou Touré serait un test pour juger des dispositions pro – ou antioccidentales du président guinéen. En définitive, le 30 juin, la BIRD adopta à l'égard de la Guinée une attitude proche de celle de la France[35]. »

Alors que le gouvernement français retirait tout son personnel et instituait un véritable boycott de la Guinée, l'ancien administrateur colonial Jacques Larrue[36] note que « la poursuite de la réalisation de Fria… (s'est trouvée) un moment en balance : les investisseurs optèrent pour le pari de l'achèvement, pari réussi, puisque l'entreprise entra en production en 1960 et, bientôt quarante ans après, fonctionne toujours. Depuis, Fria n'est plus la seule exploitation de bauxite, celle-ci étant exploitée (à une plus grande échelle) à Boké et à Kindia (sans transformation en alumine). Comme dans d'autres États africains, c'est une seule matière première (la bauxite de Boké et de Kindia, et l'alumine de Fria) qui fournit la quasi-totalité, en valeur, des exportations guinéennes, et l'essentiel des revenus budgétaires. Contribution majeure au développement et à l'entrée de la Guinée dans la modernité, ou modèle d'"enclave", solution en Guinée d'un problème de Péchiney et de ses associés ? Fria reste un corps étranger dans le tissu

35. *Ibid.*, p. 87-89.
36. Selon la recension de *Fria en Guinée. Première usine d'alumine en terre d'Afrique* par Suret-Canale, « Jacques Larrue : *Fria en Guinée. Première usine d'alumine en terre d'Afrique* », *Revue française d'histoire d'outre-mer*, t. 86, n° 322-323, 1er semestre 1999, p. 409.

guinéen ; si la bauxite et l'alumine jouent un rôle déterminant dans la balance du commerce et des comptes, les retombées économiques et sociales sont limitées ».

Préserver un fil ténu de relations ?

Les relations franco-guinéennes vont connaître des fluctuations, comme l'avait pressenti Postel-Vinay. Dès 1959, en fait, des accords de coopération avec la France sont ratifiés, ce qui ne l'empêche pas de se livrer à des opérations de déstabilisation : en avril 1960, la découverte de caches d'armes, de tracts et affiches hostiles au régime non loin de la frontière sénégalaise attise une relation passionnelle. Le rapport « La zone Franc en 1960[37] » relate et déplore :

> « Une ordonnance guinéenne du 29 février 1960 a privé le franc CFA du cours légal en Guinée et l'a remplacé par le franc guinéen, d'une valeur égale à 3,8 milligrammes d'or fin. Les opérations d'échange ont été effectuées dès le mois de mars 1960 à raison de 1 franc guinéen contre 1 franc CFA. Une seconde ordonnance de même date a décidé la création d'un institut d'émission national, la Banque de la République de Guinée, qui s'est substituée à l'agence locale de la Banque centrale des États de l'Afrique de l'Ouest. L'absence de tout règlement entre les deux instituts d'émission à la suite de cette décision unilatérale de la Guinée et les conditions dans lesquelles celle-ci a disposé non seulement des billets retirés de la circulation mais également de l'encaisse de l'agence de Conakry, ont rendu encore plus difficile, (…) l'appréciation de la situation monétaire dans la zone d'émission de la Banque centrale des États de l'Afrique de l'Ouest. »

Au seuil de l'indépendance, la plupart des entreprises du secteur formel appartenaient à des Français. En 1966, le sous-secrétaire français aux Affaires économiques et sociales auprès des Nations Unies, Philippe de Seynes, a évoqué l'africanisation

37. p. 131-132.

dans un discours prononcé à l'Université de New York, soulignant la différence Afrique-Asie, qui fait de « l'africanisation » un concept spécifique : « Le manque de compétences de niveau moyen ou élevé – qui sont d'ailleurs bien plus rares qu'en Asie à l'époque de l'indépendance – ne permettent pas à ces petits marchés de produire l'activité économique d'une ville européenne contemporaine de 100 000 habitants. De plus, avec de si petites communautés nationales, la charge des dépenses administratives est disproportionnée. (...) Il ne fait aucun doute que le développement du secteur public requis pour les communautés nationales de taille moyenne et présentant les caractéristiques des nations africaines constitue en soi un obstacle à la croissance. » Ainsi, « l'un des grands problèmes est d'africaniser les entreprises. Trop souvent, les industries qui ont été créées sont gérées par des expatriés, de la direction générale jusqu'au dernier comptable. Cela signifie des salaires élevés, des congés payés de longue durée à l'étranger et, par conséquent, des coûts parfois très élevés. Cela rend plus difficile de surmonter le handicap des petits marchés. Ce facteur a probablement un impact plus important sur le prix du produit final que même les situations de monopole qui se sont si fréquemment développées »[38].

Investir dans les ressources humaines a nécessité une formation massive, engagée à la fin des années 1950, mais avec des effets inévitablement différés. L'indépendance devait logiquement conduire à une africanisation progressive, mais elle a dû intervenir sans transition et sans attendre l'augmentation du nombre de diplômés. L'africanisation des postes jusqu'alors occupés par des agents métropolitains s'est rapidement posée comme un problème plus général, et la Caisse centrale a ouvert son propre service de stages aux cadres nationaux travaillant dans des filiales ou des projets financés par la Caisse

38. *Address by the United Nations Under-Secretary for Economic and Social Affairs Mr. Philippe de Seynes at New York University, on 3 March 1966 Outlook for African economic development – Conference on legal problems of investment and development in Africa – International Law Societies of Columbia and New York Universities* – traduction par mes soins – II p. 132.

centrale, afin d'apporter sa contribution à l'effort engagé par les pays en développement pour la formation de leurs élites. Ce service est devenu le Centre d'études économiques, financières et bancaires (CEFEB), installé au siège parisien de la Caisse centrale. Proposés par les institutions qui les emploient, les candidats (âgés de moins de trente-cinq ans) sont sélectionnés par l'agence, qui prend en compte leurs diplômes, leur expérience professionnelle et leurs perspectives de carrière. L'admission est prononcée par un jury de sélection qui décide de manière indépendante. La session de stage dure neuf mois et comporte deux étapes successives: la première est le noyau commun auquel participent tous les stagiaires. Il se consacre à l'actualisation des connaissances de base en comptabilité, en mathématiques financières, en analyse financière d'entreprise et de projets, en techniques bancaires et mécanismes de crédit, en comptabilité analytique et en gestion des affaires; statistiques et outils d'aide à la décision, analyse économique de projets de développement» (CCCE, Rapport d'activité 1984, p. 51). La Guinée a eu accès à cette formation, dès l'origine, y compris pendant la période d'éloignement, au moins de 1963 à 1967 (7 stagiaires), le recrutement pouvant se faire soit par des membres de l'ambassade soit à l'occasion d'une mission d'un cadre de l'agence de Dakar.

> «Des "complots" découverts par le gouvernement guinéen inaugurent une longue série d'arrestations, d'internements et d'exécutions sommaires. Les relations seront rompues de nouveau complètement avec la France de 1965 à 1975, Ce qu'il faut souligner, (…) c'est le manque de boussole idéologique d'un régime qui, s'il proclame haut et fort sa lutte contre l'impérialisme et le néo-colonialisme, n'a pas pour autant, en ce début des années 1960, choisi le camp de l'Est. "Chaque fois que l'on nous demande de nous définir, chaque fois que l'on nous presse de choisir, nous répondons que nous nous sommes définis et que nous avons choisi. Nous nous définissons par l'Afrique et c'est l'Afrique que nous choisissons. On nous affirme que nous devons nécessairement choisir entre le capitalisme et le socialisme, mais je m'excuse et – soit dit entre nous – nous sommes pratiquement incapables de définir ce qu'est le capitalisme, ce

> qu'est le socialisme[39]" (…) La Guinée, "trahie" par la France, a attiré dans les tout premiers temps de l'indépendance de nombreuses bonnes volontés, comme elle a servi de pays d'accueil à bien des exilés (…) parmi lesquels Jean Suret-Canale[40], qui sera rayé des cadres de l'enseignement par Michel Debré, après la publication, en collaboration avec Djibril Tamsir Niane, de son manuel d'histoire africaine[41]. »

Coopérants, militants (parmi lesquels l'historien voltaïque Joseph Ki-Zerbo), experts viennent au secours de Sékou Touré tel Charles Bettelheim, économiste marxiste (marqué par la Chine), il travaille au premier plan triennal guinéen, mais semble buter sur le caractère de Sékou Touré. « La seule chose certaine est que la Guinée a alors absolument besoin d'une aide extérieure, qu'il s'agisse d'aide financière directe ou d'aide technique, et que ses besoins en cadres et personnel compétent sont loin d'être satisfaits[42]. »

La Banque mondiale analyse ainsi la dette française[43] :

> « Elle date de la période précédant l'indépendance. Elle comprend divers prêts de la CCCE, qui ont été consolidés en 1965 en deux prêts, l'un de 1,3 M$ et l'autre de 5,6 M$.

39. Ahmed Sékou Touré, *L'Action politique du PDG*, Conakry, 1959, cité par Yves Bénot, *Idéologies des indépendances africaines*, 2e éd. augmentée et mise à jour, Paris, Maspero, 1972, p. 268.
40. « Jean Suret-Canale, historien africaniste et membre du comité central du PCF, emménagea dans le pays africain juste après l'indépendance pour y occuper un poste de professeur. Ce dirigeant communiste avait été membre de la section coloniale du PCF (…) et des groupes d'études communistes de Dakar en 1946 et il avait enseigné dans plusieurs lycées du Sénégal (…) Il analysait les efforts de modernisation accomplis par le gouvernement de Conakry pour développer son économie et devenir réellement indépendant » (cf. S. Gabriele Siracusano, « Modernisation, progrès et guerre froide : la Guinée et le Mali vus par les partis communistes français et italien (1958-1968) », *Histoire@Politique*, n° 38, mai-août 2019, p. 7).
41. Blum Françoise, « Une formation syndicale dans la Guinée de Sékou Touré : l'université ouvrière africaine, 1960-1965 », *Revue historique*, n° 667, 2013, p. 664-665.
42. *Ibid.*, p. 667.
43. Banque mondiale, *op. cit.*, vol. 1, p. 37.

> Comment se sont déroulées les négociations ? La Caisse centrale y était-elle seulement présente ? Et si oui, par des missions de Dakar ou du siège ? On n'a pu reconstituer cette histoire. Les remboursements devaient être effectués semestriellement, mais après les premiers versements du 30 juin 1965, ils ont été interrompus à la suite de la rupture des relations diplomatiques entre la France et la Guinée en novembre 1965. En outre, une commission mixte franco-guinéenne qui devait se rencontrer pour négocier au sujet des demandes d'expropriation de propriétés françaises en Guinée ne s'est jamais réunie. (…) Par ailleurs, les versements français à la Guinée au titre des pensions de retraite versées aux anciens combattants des forces armées françaises, estimés à environ 7,5 M$ par an, n'ont plus été versés depuis novembre 1965[44]. »

Pour la Caisse centrale, avec les indépendances, deux catégories de clients sont transformées : les gouvernements locaux sont devenus des États pleinement souverains, tandis que les entreprises jusque-là françaises pouvaient devenir partiellement ou totalement africaines. La promotion de l'indépendance économique s'est faite sur trois fronts : le recours au capital étranger, la nationalisation ou le développement du capitalisme privé au niveau national. En 1964, les activités de la Caisse centrale finançaient depuis trois ans le secteur privé avec 41 % des engagements et à peu près la même part sous forme de crédits à ses filiales (voir annexe). Cela dépassait encore largement les prêts aux États[45], qui devenaient lentement une nouvelle modalité d'aide, au rythme de l'affirmation progressive des administrations nouvellement indépendantes. Avec le cas de la Guinée socialiste, la Caisse centrale aurait eu à financer essentiellement l'État, mais elle en découvre d'abord la facette politique, avec les sanctions, ce qui la conduit à porter dans son bilan des arriérés et à geler ses financements du développement, en faveur du public comme du privé, dans un pays pourtant important.

44. Dès 1961, Pierre Chauleur indique : « Le paiement des pensions est actuellement suspendu et lié au règlement du contentieux franco-guinéen. Mais les sommes sont bloquées et acquises aux intéressés. »
45. Postel-Vinay André, *op. cit.*, p. 203-213.

C'est un moment d'autant plus triste que beaucoup d'agents avaient eu des activités dans le pays et des relations avec ses cadres.

Du point de vue de l'histoire de l'aide, il est alors peu de pays en relation avec autant de bailleurs de fonds qui dispensent autant de formes d'aide. Est-ce la guerre froide, ou l'effet attractif des atouts propres au pays ? Il est clair que le monde du financement du développement paraît singulièrement dispersé et traversé par des rivalités. Si la logique de la guerre froide suggère un relatif regroupement des pays de leur bloc derrière les États-Unis ou l'URSS, force est de constater que l'observation ne permet pas de la confirmer. La Guinée exerce sans doute un effet singulier qui perturbe les visions simples des relations internationales : elle semble, pour beaucoup de pays, inaugurer une page de diplomatie africaine à travers des objets nouveaux, les projets de coopération.

3

De la reprise à la fin de la guerre froide : la coopération au risque des ajustements

Le pays fait partie des points de contact entre les protagonistes de la guerre froide, mais si les bailleurs de fonds occupent volontiers la place laissée libre par la France, surtout après la suspension des relations diplomatiques de 1965, il ne semble pas y avoir de surenchère, mais plutôt une juxtaposition de logiques économiques différentes.

Le septennat du président Valéry Giscard d'Estaing[1] voit le rétablissement des relations de la France avec la Guinée. Conduit sans précipitation, rendu possible par l'apaisement des réactions émotionnelles liées aux conditions de l'indépendance (cf. témoignage de l'ambassadeur Lewin, en annexe), la normalisation diplomatique produit des effets pourtant rapides. En témoigne la dynamique des échanges commerciaux, qui se redressent de façon significative, surtout par les exportations, ce qui apporte des ressources précieuses au pays.

1. 1974-1981.

Tableau 3 : Importations de la France en provenance de Guinée

	1973	1974	1975	1976	1977
Importations de la France en provenance de Guinée (volume en milliers de tonnes)	81	410	655	1 717	1 624
– (valeur en millions de francs)	8	31	53	217	220
Exportations de la France vers la Guinée (volume en milliers de tonnes)	145	108	96	118	137
– (valeur en millions de francs)	90	88	172	167	270

Source : Conseil économique et social (France), 1979, p. 522-523.

La Guinée devient « une économie de plus en plus extravertie, c'est-à-dire de plus en plus dépendante des grandes firmes internationales aussi bien au niveau des investissements qu'à celui du marché mondial. Il ne peut en être autrement tant que l'épargne et le marché intérieur demeurent aussi faibles Et le système actuel freine leur développement : les pays concernés reçoivent seulement les retombées de l'expansion sous la forme de royalties ou de profits intermédiaires réservés à une catégorie étroite de bénéficiaires – bureaucratie au pouvoir ou bourgeoisie nationale liée aux forces d'exploitation accoutumée à une consommation ostentatoire peu propice à l'épargne et guère investisseuse sinon dans les secteurs peu productifs de l'immobilier et du commerce. Cette incapacité répond à une désarticulation accentuée de l'économie (…), socialement et techniquement un gouffre se crée et s'accentue entre le secteur moderne minier ou industriel étroitement soumis aux impératifs du capital international et le secteur paysan c'est-à-dire la grande majorité de la population. Le cas de la Guinée est à cet égard exemplaire au point d'en devenir caricatural : l'exploitation des ressources minières fer et bauxite y a été réalisée sous la dépendance du capital étranger (capitaux américains Halco et Olier Mathieson, italiens Montecatini, français Péchiney et

Kuhlmann, soviétiques...) en marge du socialisme d'État; celui-ci, qui affecte presque exclusivement le secteur vivrier, tend à se réduire à un retour à l'économie de subsistance et de troc[2]. »

Dans ce contexte, la reprise de la coopération française privilégie les anciens intérêts ou ses domaines d'excellence, non sans être déroutée par une gestion économique particulière. Inévitablement, la mort de Sékou Touré conduit alors à des réformes importantes, qui sont une opportunité de monter en puissance voire d'innover. Sur cette période, on pourra se référer, dans les compléments, au témoignage de l'ambassadeur Lewin (sous la forme d'un bref extrait choisi parmi les nombreux travaux qu'il a consacrés à la Guinée), ainsi qu'à ceux d'Yves Roland-Billecart, Yves Malpel et Odile Lapierre, qui illustrent bien le climat des relations franco-guinéennes lors de la reprise des activités et leur caractère alors parfois déroutant.

L'élargissement du cercle des bailleurs de fonds

Jusqu'à cette période, une grande partie des financements extérieurs du pays provient des pays de l'Est. En temps de guerre froide, cela a-t-il eu un effet dissuasif pour les bailleurs de fonds « OCDE » ? Le cas de la Banque Mondiale montre que le pragmatisme semblait l'emporter :

> « Un certain nombre d'emprunteurs de la Banque de la région ont abrité des régimes afro-marxistes déclarés : la Guinée (depuis son indépendance en 1958) (...). Cependant, ces pays avaient peu d'industrie à proprement parler et aucune main-d'œuvre industrielle, l'avant-garde supposée de la révolution prolétarienne dans la pensée marxiste classique. Bien que la population soit principalement composée de paysans, les politiques de forte exploitation du secteur rural excluaient toute possibilité de variation maoïste. Ce qui en a émergé est un soi-disant marxisme de la classe politico-administrative, dont l'ennemi rhétorique était

2. Catherine Coquery-Vidrovitch, « La mise en dépendance de l'Afrique noire. Essai de périodisation, 1800-1970 », *Cahiers d'études africaines*, n° 61-62, 1976, p. 47.

> l'impérialisme plus que le capitalisme. En général, plus l'expérience coloniale avait été amère, plus le nationalisme du régime s'est montré radical. Cette formulation du marxisme a également constitué un outil idéologique utile pour différencier ces régimes de leurs prédécesseurs. La Banque a été suffisamment pragmatique pour reconnaître que ces régimes étaient éclectiques dans leurs interprétations idéologiques et leurs pratiques. Le prêt étant un objectif important, la Banque a choisi des considérations pratiques, telles que la capacité du pays à organiser et à exécuter des projets plutôt que l'idéologie, en tant que principal déterminant des niveaux de prêt. Ainsi, l'instabilité politique, conjuguée à des considérations financières – solvabilité des emprunteurs de la BIRD, et ressources limitées pour l'AID dans le cas des emprunteurs de l'AID constituaient les principaux obstacles à la réduction des prêts de la Banque. (…) La Guinée, qui n'a reçu que peu d'assistance de la Banque dans les années 1970, est un cas intéressant. (…) La Guinée était convaincue que la Banque était « opposée aux prêts dans les pays socialistes », bien que le mélange manifestement déplaisant de répression politique et de mauvaise gestion économique de Sékou Touré en fût la véritable raison. Lorsque Sékou Touré décida de changer de cap à la suite d'un soulèvement des femmes du marché en 1977, McNamara a rapidement réagi par une visite dans le pays[3]. »

La visite du président de la Banque mondiale qu'évoque Devesh Kapur, mérite une parenthèse au milieu de sa citation. Robert McNamara[4] passe en effet dans le pays, du mardi 8 novembre au samedi 12 novembre 1977, en compagnie de son épouse (qui a son propre programme social) ; il visite notamment Kamsar et Fria (avec le président Sékou Touré), Kindia, Dalaba, Pita et Labé[5] (les conditions, un peu plus tard,

---

3. Devesh Kapur, John P. Lewis, Richard Webb, *World Bank: Its First Half Century*, Washington D.C., Brookings Press, 1997, vol. 1, p. 699-700.
4. Sur Robert McNamara, voir notamment le film *The Fog of War: Eleven Lessons from the Life of Robert S. McNamara* (2003).
5. Selon le journal *Horoya* n° 2300, daté du 13 au 19 novembre, pages 36 à 40, reproduit dans les Archives de la Banque mondiale, Folder D: 1771065 – ISAD(G) Reference Code: WB IBRD/IDA 03 EXC-10-4549S Series: Contacts – Member Countries files Sub-Fonds: Records of President Robert

de l'accueil du directeur général de la Caisse centrale seront très différentes, comme le rapportent les témoins). Les archives de l'institution permettent d'accéder au compte rendu de ce voyage. Kapur observe ensuite[6] :

> « Même à ce moment-là, l'approche était progressive comparée à ce qui était 'en magasin' dans les années 1970, avec une moyenne de prêts de 5 millions de dollars par an, soit 10 % seulement du niveau des années 1980. Bien que la Banque ait limité la taille et la portée de ses activités de prêt dans ces pays, elle a néanmoins mis en place un programme de prêt dans la plupart d'entre eux, en dépit de graves doutes quant à leurs politiques économiques. La portée des prêts était limitée à trois domaines fondamentaux : les projets d'enclaves dans les mines ; agriculture et développement rural ; et un soutien pour l'infrastructure économique et sociale de base, principalement les routes, les services publics et l'éducation. »

McNamara recevra à son tour Sékou Touré à Washington en août 1979, lors d'un voyage qui fait suite à un changement de politique[7], marqué notamment par une succession de mesures internationales et économiques : la réconciliation du chef de l'État avec Houphouët-Boigny et Senghor, l'établissement de liens avec le président du Liberia Tolbert[8] en mars 1978, un assouplissement de la politique migratoire, avec un effort pour faire revenir les exilés politiques réfugiés à l'étranger, des mesures en faveur du commerce extérieur et de l'investissement privé étranger, ainsi que l'établissement de relations politiques et économiques avec la France et la République Fédérale Allemande.

Les aides des pays communistes sont difficiles à évaluer et comparer, puisque ces donateurs ne déclaraient pas leurs

---

S. McNamara Fonds : Records of the Office of the President Digitized: <June 28, 2013>.

6. *Op. cit.*, p. 700.

7. Selon la note qui lui est rédigée (7 août 1979) par Roger Chaufournier (1924-1994) – sur cet expert, voir notamment https://oralhistory.worldbank.org/transcripts/transcript-oral-history-interview-roger-chaufournier-held-july-22-1986-main-transcript

8. William Richard Tolbert Jr. (1913-1980).

apports au CAD ? L'analyse de la dette est toutefois l'occasion pour la Banque Mondiale d'en tenter une estimation :

> « Les emprunts extérieurs de la Guinée ont deux caractéristiques importantes : la première est que près de la moitié de la dette publique en cours a été contractée dans le cadre d'accords bilatéraux de compensation avec l'Union Soviétique, la République Populaire de Chine et des pays d'Europe et de l'Est et que le remboursement de cette dette n'est pas effectué en espèces, comme pour des emprunts habituels, mais en nature, sous la forme d'exportations de biens (en particulier bauxite et certains produits agricoles) et services vers les pays créditeurs ; la deuxième est qu'une part importante de la dette privée a été contractée par des entreprises parapubliques du secteur minier et que le service de cette dette est prélevé directement sur les recettes d'exportation des entreprises. La part prépondérante de deux entreprises parapubliques du secteur minier dans la dette privée du pays (non garantie par l'État) permet de définir cette dette de façon plus complète que dans la plupart des autres pays d'Afrique de l'Ouest. (…) Les paiements effectifs au titre du service de la dette absorbent pratiquement la totalité des recettes d'exportation réalisés dans le cadre desdits accords bilatéraux. L'encours de la dette hors accords bilatéraux de compensation correspondait à 52 % du PNB à fin 1979 ; les paiements prévus au titre du service de cette dette atteignaient 72 M$ en 1979, soit 23 % des exportations guinéennes en dehors des accords bilatéraux de compensation (47 % des recettes d'exportation nettes de l'État). Les paiements effectifs au titre du service de la dette représentaient 37 % des paiements prévus. Le fait que, de 1975 à 1979, la Guinée ait eu davantage recours à des emprunts hors accords de compensation a eu pour conséquence des sorties nettes de capitaux vers les pays à accords de compensation et un doublement des paiements prévus au titre du service de la dette. L'endettement à court terme indiqué par les banques a augmenté de 3,5 fois entre 1975 et 1979, et est passé de 97 millions de dollars en 1975 à 342 M$ en 1979. Une partie de la dette extérieure à court terme fait l'objet d'une consolidation dans le cadre des accords à long terme, comme c'est le cas des engagements envers l'Union Soviétique.[9] »

9. République Populaire Révolutionnaire de Guinée, Memorandum économique, 20 juillet 1981, Département des Programmes Afrique de l'Ouest, p. 26-28.

Le mode opératoire permet d'illustrer le type de relations qui prévalait dans le cadre de solidarité au sein du bloc de l'Est. La Banque mondiale ne commente pas les projets ainsi financés, mais elle observe l'effet cumulé des emprunts auprès de ces partenaires, qui se traduit par une charge de la dette désormais préoccupante :

> « (…) la Guinée n'aura pas les moyens de financer ses besoins minima d'importation tout en assurant le service de sa dette extérieure avant qu'un grand projet « enclave » ne devienne opérationnel. Il s'ensuit qu'il semble peu probable que la Guinée puisse, à court terme, bénéficier d'une amélioration de sa position extérieure lui permettant d'emprunter à l'étranger aux conditions du marché (sauf dans le cas des enclaves) et de poursuivre une politique d'investissements mieux équilibrée[10]. »

Ainsi le profil financier du pays reste préoccupant et la Banque mondiale avance avec prudence. Dans le domaine des relations multilatérales, la Guinée adhère au partenariat de l'Union européenne (UE) avec les pays d'Afrique, des Caraïbes et du Pacifique (ACP) à l'occasion de la signature de la deuxième convention de Lomé en 1980, puis à la Société de financement internationale (SFI), du Groupe de la Banque mondiale, en octobre 1982.

Le déploiement d'une aide française complexe

S'agissant des relations bilatérales, à partir de 1976, le pays est éligible à l'aide française, qui a connu entre-temps quelques changements administratifs, le ministère de la Coopération ayant succédé à celui de la France d'Outre-Mer au moment des indépendances, substituant au FIDES le Fonds d'aide et de Coopération (FAC), pour les subventions, la Caisse centrale offrant des prêts et les prises de participation étant confiées,

10. *Ibid.*, p. 63.

à partir de 1977, à sa filiale Proparco[11]. L'aide peut associer l'expertise gérée par le ministère, des dons du FAC et des prêts de la Caisse. Ceux-ci viennent en complément de l'offre du secteur bancaire, auquel ils n'ont pas vocation à faire concurrence – d'ailleurs les grandes banques sont représentées à son Conseil de surveillance. L'expertise[12] est cofinancée par le ministère de la Coopération et la partie guinéenne, selon un dosage propre à chaque pays. La France conjugue plusieurs modes d'intervention.

Lorsque la Caisse centrale rouvre son agence à Conakry, elle fait encore figure de maillon marginal dans le dispositif bilatéral mis en place depuis 1960. L'aide française au développement comporte quatre grandes masses : la première, avec les subventions du FAC et la coopération technique, deux instruments du ministère de la Coopération, pour les pays « du champ » de ce ministère ; la deuxième, avec la coopération scientifique et en matière d'enseignement du ministère des Affaires étrangères pour les autres pays, comme la troisième, les crédits bonifiés à l'exportation de la Direction du Trésor, mis en œuvre par la Direction des Relations économiques extérieures au titre de la promotion des exportations. Enfin, la quatrième masse (alors la plus modeste) est constituée par la Caisse centrale, qui complète ce dispositif par ses prêts pour des opérations de développement (c'est-à-dire qui ne sont pas conçus pour promouvoir les exportations, même s'il s'agit d'aide liée[13]).

---

11. Cf. Pacquement, *Dans les laboratoires du développement. Proparco et le secteur privé, 40 ans d'histoire*, Paris, Karthala, 2017.
12. Cf. Pacquement, *Histoire de la coopération technique. Une généalogie d'Expertise France*, Paris, Karthala, à paraître.
13. Qui finance des projets dont les achats de biens et services sont associés à des conditions d'origine, principalement en faveur de pays du champ.

Présentation de la Coopération scientifique et technique[14]

Parmi les objectifs et les priorités de la politique française de coopération, « l'application de la science et de la technique au développement » est un thème qui prend de l'ampleur à la fin des années 1970, et qui se lit dans l'organisation d'un dispositif alors placé sous les auspices du ministère de la Coopération. Il définit la politique de coopération et l'applique : il fournit aux États intéressés l'assistance technique en personnel dont ils ont besoin, il gère le Fonds d'Aide et de Coopération (FAC), lequel participe au développement économique et social des États, et il assure la tutelle des différents organismes publics et parapublics – et notamment des organismes de recherche – qui concourent à l'application de la politique de coopération. À côté du ministère, la Caisse centrale joue le rôle d'une banque française pour le développement.

Autour de ce noyau, gravitent un certain nombre d'organismes : l'Office de la Recherche Scientifique et Technique Outre-Mer (ORSTOM[15]) d'abord, chargé de la recherche de base dans tous les domaines qui intéressent le développement : sciences de la terre, sciences de la vie et sciences humaines. Des chercheurs appartenant à plus de 25 disciplines y concourent à la réalisation d'un programme de recherche scientifique très varié, allant dans plusieurs domaines jusqu'à des recherches appliquées.

Puis le Groupement d'Étude et de Recherches pour le Développement de l'Agronomie Tropicale (GERDAT[16]), créé pour coordonner les activités de plusieurs instituts de recherches spécialisés dans les divers aspects

14. Cf. présentation par le Service des études et questions internationales : *La Coopération scientifique et technique entre la France et les pays d'Afrique noire et de l'océan Indien*, Paris, Ministère de la Coopération, 12/1978, 96 p. (Coll. Études et Documents, n° 34).

15. Devenu en 1998 l'Institut de recherches pour le développement (IRD).

16. Devenu en 1984 le Centre de coopération internationale en recherche agronomique pour le développement (CIRAD).

des productions végétales et animales dans les zones tropicales.

Pour la Caisse centrale, la contrainte réside alors dans la limitation stricte par l'État de la ressource qui lui permet de consentir des prêts à conditions favorables. Pour augmenter sa contribution, elle a obtenu en 1975 de financer des concours aux conditions du marché, en recourant directement à des emprunts obligataires.

La logique d'élargissement de ses modes opératoires a été poussée encore plus loin avec la création en 1977 de sa filiale destinée à la promotion de l'investissement par des prises de participation (Proparco). Ainsi, la contrainte qui pèse sur les ressources de la Caisse est allégée et elle peut augmenter sa contribution au financement de l'investissement – pourvu que le climat macroéconomique s'y prête dans les pays éligibles. Avec cette nouvelle équation, il devient essentiel d'élargir sa base géographique pour alimenter la croissance, ce qui ouvre une période d'expansion.

Une nouvelle phase commence avec l'arrivée du président François Mitterrand en 1981. Porteur d'une vision critique de la coopération française, il choisit Jean-Pierre Cot comme ministre de la Coopération. Ce dernier découvre un département qui commence tout juste à remplacer ses administrateurs de la France d'Outremer, anciens cadres coloniaux, par des administrateurs issus de l'ENA. Le ministre trouve un département à ses yeux trop tourné vers l'Afrique et insuffisamment mobilisé dans la lutte contre la pauvreté. Les obstacles que rencontre son projet de réforme conduisent à son départ du gouvernement en décembre 1982, pour laisser la place à Christian Nucci qui apparaît, par contraste, plutôt conservateur.

En francs courants, le ministère de la Coopération[17] cite, pour 1975, une aide bilatérale totale de 4,2 Mds F, dont 2,2 au

17. Jean-François Drevet, Edouard Kleinmann, René Pincon, *Impact de l'aide publique au développement sur l'économie française*, Paris, Ministère des Relations extérieures, Coopération et Développement, Sous-direction des études du développement, 05/1983, 131 p. (Coll. Études et Documents, n° 51).

titre de l'assistance technique et culturelle. L'« aide aux investissements » atteint 1,5 Md F, dont 800 MF de prêts (Trésor et CCCE réunis), tandis que le « soutien économique et financier » s'établit à près de 500 MF. La part de la Guinée n'a pas été retrouvée dans ces montants, mais elle reste probablement assez faible. Dans les pays « du champ », les grands projets, qui mobilisent des financements importants, sont l'apanage de la Caisse, dont les prêts réalisent des effets de levier substantiels. Ses concours peuvent toutefois être complétés par des financements et l'expertise du ministère de la Coopération. Ainsi, les structures de l'aide impliquent, outre les Affaires Étrangères, de nombreux ministères, au premier rang desquels ceux des Finances et de la Coopération, et plusieurs institutions de mise en œuvre, parmi lesquelles la Caisse centrale, les centres de recherche, les opérateurs sectoriels pour la mise en œuvre des projets. Le tableau 4 présente le schéma d'ensemble de ce dispositif (sans les centres de recherche et les opérateurs).

Après le décès du président Sékou Touré en 1984, les nouvelles autorités vont très vite s'orienter vers le libéralisme économique et ouvrir des négociations avec les institutions de Bretton Woods pour engager des réformes effectives qui se dérouleront sur une dizaine d'années, constituant une thérapie de choc. Le 18 mars 1987, un premier Groupe consultatif se tient à Paris, avec les représentants de 8 gouvernements et 9 organismes d'aide, ce qui permet de réunir des engagements accrus, et de constituer une incitation à la poursuite des réformes. Globalement l'aide perçue par la Guinée après l'avènement de la IIe République (1984) a été significative, concrétisant un fort engagement des partenaires internationaux.

Tableau 4 : Le dispositif institutionnel de la Coopération française

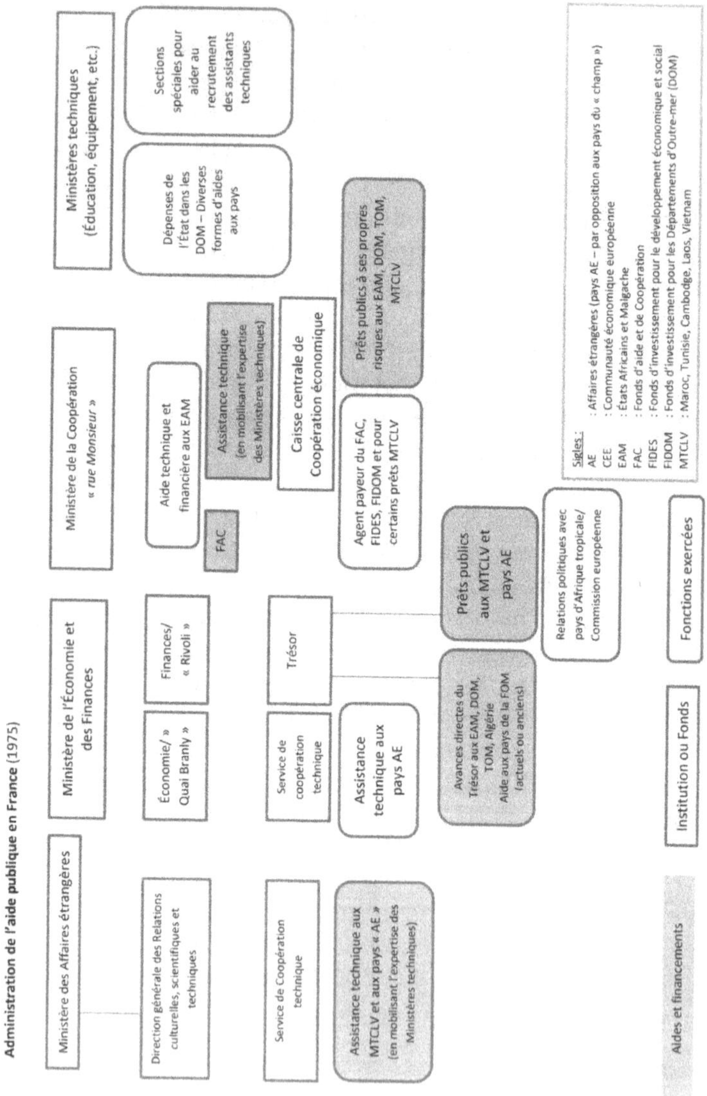

La reprise de l'activité de la Caisse centrale

La reprise de l'activité de la Caisse centrale[18] s'exprime notamment par l'apparition de la Guinée dans l'organigramme[19], alors que parmi les nouveaux pays d'intervention autorisés après 1975, n'y figurent encore que les pays lusophones. Si, dès 1978, un premier concours est apporté (1,295 MF pour le financement d'une étude en vue de la remise en état du barrage des Grandes Chutes, la réouverture de l'accès au CEFEB en 1979 constitue une des premières matérialisations de la reprise des relations. Sur le terrain, sous l'autorité alors relativement distante de l'ambassadeur, une mission de coopération est installée par le ministère de la Coopération à l'ambassade, où la Caisse centrale rouvre son agence[20]. Maurice Mazetier a été le premier directeur de l'agence de Conakry à sa réouverture, suivi par Olivier Richet. Les premiers chargés de mission ont été Philippe Jacobé de Naurois puis Yves Malpel. Traditionnellement soucieuse de son autonomie, dans le respect des obligations de confidentialité de la loi bancaire, l'agence s'établit rapidement (1980) dans un bâtiment séparé, rue du Commerce, en 1980.

L'ambiance est toujours à la guerre froide active, dont la Guinée constitue une ligne de front. Selon Yves Malpel[21], la confiance des autorités n'est pas acquise. Les téléphones sont sur écoute, le courrier ouvert, le personnel guinéen est astreint à se présenter à la police le samedi pour faire son rapport. Les agents logent au Grand hôtel de l'Unité, en bord de mer, près du

18. Publiée dans le rapport d'activité de 1978 (p. 9 et 18).
19. Elle relève alors du département Afrique, d'une division géographique qui associe les pays riverains du Golfe de Guinée (sans le Gabon ni le Congo) et la Centrafrique (dans la direction de René Chinot, adjoint Michel Penent, chef de division Pierre Esmiol, chargés de mission Loïc Carsin, Daniel Guenancia, Philippe Vadjoux).
20. Dans le rapport d'activité de 1979 est introduite une carte du réseau où la Guinée figure désormais.
21. Entretien téléphonique le 23 septembre 2019, voir également son témoignage dans les documents en fin de volume.

Port, dont la construction est récente[22]. Cette situation est tolérable parce que le directeur réside sans sa famille et le chargé de mission est célibataire. La question du logement est finalement traitée par un montage financier selon lequel le candidat propriétaire bailleur s'est vu payé de dix ans de loyers de façon à avoir les moyens de faire construire la maison pour le logement des agents expatriés.

Selon lui, la situation économique se traduisait par deux aspects importants dans la vie quotidienne : le change multiple et la dotation. Du fait du change multiple, son directeur recourait au marché libre. Un inspecteur en mission s'en indignant, le directeur (alors Olivier Richet) l'a conduit à la Banque centrale pour effectuer une opération de change officiel. Le préposé, très étonné de la demande, après avoir vérifié la détermination de ses interlocuteurs, a finalement encaissé les devises offertes, est sorti de la banque réaliser la transaction au marché libre et revenu à son guichet pour la dénouer au cours officiel, avec une marge qu'il n'a pu faire autrement que conserver pour lui-même. L'inspecteur a alors paru tout à fait convaincu que le pragmatisme pouvait donc l'emporter sur la régularité.

La vie quotidienne était marquée par la « dotation », approvisionnement garanti en huile, riz, concentré de tomates et savon. S'il était possible de compléter ce régime de base au port ou au marché, il n'y avait pas vraiment de commerce et il était pratiquement impossible de trouver autre chose. De ce fait, pendant la période de Sékou Touré, Yves Malpel décrit, à l'opposé de la méfiance dans les contacts officiels et malgré le contrôle

22. En 1979, selon le site de la police aux frontières (accès le 3 août 2020) https://www.paf.gov.gn/dnpaf/?page_id=378 : « … 1979, avec les préparatifs des sommets de l'Association du Bassin du Niger – ABN, de la CEDEAO de l'Organisation de l'Unité Africaine (OUA) et des Non Alignés (…) création, au sein du ministère de l'Information, d'une structure de gestion des questions du tourisme, avec l'aide du PNUD chargé dans le cadre du projet GUI 78-014 de la formation des personnels devant faire face aux besoins de ces conférences. Aussi dans le même contexte sont lancés les projets de construction de l'hôtel pilote du *Grand Hôtel de l'Unité – GHU* – avec 80 chambres, les 50 résidences présidentielles de la Cité des nations et le Grand Hôtel de l'Indépendance – GHI – ex Hôtel de France rénové et agrandi à 224 chambres.

de la Police des Mœurs sur les contacts avec les étrangers, un bon accueil des Français par une population nostalgique de la période où les pénuries étaient inconnues.

Enfin, la première visite du directeur général introduit un changement dans la vie de l'agence, qui se retrouve chargée de la Sierra Leone, compétence qu'elle exercera à travers un bureau de représentation.

Avec sa culture bancaire, l'AFD s'engage sur la base d'une analyse des choix d'investissement fondée sur le calcul micro-économique, avec un usage orienté vers la promotion du développement à un niveau plus large, ce qui lui fait adopter la méthode des effets. Conçue par l'économiste Marc Chervel, à la fin des années 1950, elle élargit l'analyse en prenant en compte l'impact macroéconomique ; avec le développement des concours aux États, tout au long des années 1960, la question dépasse celle du caractère remboursable d'un prêt, pour examiner sa contribution à l'économie générale, aux recettes fiscales, à l'équilibre du commerce extérieur et de la balance des paiements, à l'emploi, etc. Elle se diffuse progressivement et constitue, dans les années 1970, un mode d'analyse privilégié des opérations. En pratique, dans la conjoncture économique qui affecte la Guinée à la fin des années 1970, la Caisse centrale ne s'empresse pas d'y financer des projets. Les missions du siège sont rares, les échanges sont lents. L'agence essaye de se tenir à la juste distance de l'ambassade lorsqu'elle accueille des hommes d'affaires qui se disent prêts à investir, mais semblent, dans cette période, davantage motivés par le profit à court terme que par les logiques de développement. Ils cherchent à se faire aider sans prendre en considération les critères de choix d'opération de la Caisse centrale, qui reposent sur une maîtrise d'ouvrage locale. L'ambassadeur d'alors explique (cf. document en annexe) : « La plupart des opérations importantes qui ont été signées ou réalisées au cours des quatre années que j'ai passées à l'ambassade à Conakry, c'est moi qui les ai proposées, en fonction des potentialités du pays et des entretiens que j'avais eus avec des responsables guinéens. » De fait, la Caisse centrale, qui intervient par prêts, est attentive à ce que ses opérations soient remboursables par le processus même de leur construction. Elle s'attache à dérouler méthodiquement un cycle de projets, où l'initiative doit venir du maître d'ouvrage guinéen et non de l'offre d'exportation française.

Le témoignage d'Yves Picard (en poste à Conakry d'octobre 1982 à décembre 1984) met en lumière une étape ultérieure de la reprise de l'activité.

Le dispositif français se complète progressivement : encore non liée à la France par un accord de coopération militaire prévoyant une assistance en cas d'agression armée, la Guinée signe un accord de ce type (quoique restreint) en 1985. Toutefois, il n'est pas entré en vigueur, faute de ratification, ce qui toutefois n'a pas empêché son application tacite par les acteurs de la coopération, en l'absence de tout autre cadre de référence[23].

Guy Lecamus, troisième directeur de l'agence, évoque lui aussi le voyage du directeur général, Yves Roland-Billecart. « Après le décès de Sékou Touré, les pays occidentaux, et notamment la France, décident de donner la priorité à ce pays où tant est à refaire. Réforme monétaire, création de banques, privatisations, refonte de l'administration, soutien à la création d'un secteur privé, infrastructures. La Caisse est présente et décide la réalisation de bureaux ; l'immeuble, terminé en cinq mois, est inauguré par Yves Roland-Billecart. Lors de ce voyage, le Directeur général visite dans l'ouest du pays, près de la Côte d'Ivoire, un grand projet de création de plantations d'hévéas et de palmiers. L'état des pistes fait qu'une telle visite n'est pas de tout repos[24]. »

Les nouveaux locaux de l'agence sont édifiés sur un terrain propriété de l'État, à proximité directe de la Présidence[25] ; le

23. Sur ce sujet, consulter François Loncle, Assemblée nationale, rapport n° 3860 et 3861, 2016.

24. Relaté dans un courrier du 5 août 2010 à l'auteur.

25. Selon un témoignage recueilli par Safia Ibrahim Netter en août 2020, ce terrain avait accueilli auparavant la COPROA, ce qui évoque les plantations d'ananas, qui s'étaient développées dans les années 1950 dans la même région que celles de bananes, amorçant un flux d'exportations en frais ou en conserve (boîtes de tranches et de jus d'ananas sous l'étiquette « Coproa »),

permis de construire a été reçu en octobre 1987 et il fait l'objet d'un bail emphytéotique de 30 ans formalisé en 1993. Selon le rapport de la SCIC, au terme de sa mission d'assistance à la maîtrise d'ouvrage du chantier, « les travaux ont commencé le 23 novembre 1987 et se sont déroulés dans d'excellentes conditions. Le bâtiment a été livré le 30 juin 1988 et inauguré (…) le 5 juillet) ». L'architecte a en outre été pressenti pour des logements d'assistants techniques (construits en 1992) en Guinée et au Cameroun.

Photo 4 : Le 4 juillet 1988, inauguration de l'agence par le Directeur général Yves Roland-Billecart © Photo Guy Lecamus.

cf. Jacqueline Beaujeu-Garnier, « L'agriculture guinéenne », *L'information géographique*, vol. 22, n° 5, 1958, p. 194.

République de Guinée

Construction du Siège de la
Caisse Centrale de Coopération Economique
A Conakry

Rapport Fin de Chantier
Décembre 1988

Maître d'Oeuvre : Armand Salomon
Maître d'Ouvrage Délégué : SCIC AMO
Entreprise : NORD FRANCE

Photo 5 : Le rapport de fin de chantier de la construction de l'agence de Conakry.

Le temps des réformes économiques

Une première mission de diagnostic du FMI permet de dresser un bilan consternant les 25 ans du régime Sékou Touré. Longtemps fermé à l'extérieur, le pays présentait des infrastructures médiocres ou délabrées, « une administration autant pléthorique qu'inefficace, travaillant dans un dénuement extrême et selon des méthodes archaïques. Le système bancaire, totalement contrôlé par l'État, était dans une situation de faillite virtuelle. Les entreprises publiques fonctionnaient globalement au quart de leur capacité installée et ne se maintenaient en vie que grâce à des subventions généreuses de l'État. Le monde rural, stérilisé par un système contraignant de fournitures obligatoires et par l'existence de fermes d'État collectivisées, ne pouvait satisfaire les besoins alimentaires du pays[26]. » La nouvelle politique économique élaborée par les autorités guinéennes après le coup d'État du 3 avril 1984 n'a été définie pour la première fois dans son ensemble qu'une vingtaine de mois plus tard, lors du discours-programme prononcé le 22 décembre 1985 par le président Lansana Conté.

Topol[27] résume l'enchainement des mesures qui ont accompagné ce programme : « Hormis le secteur minier, la bauxite fournissant 97 %[28] des recettes en devises, c'est d'une économie étatique délabrée dont héritent les nouveaux dirigeants guinéens en 1984. Malgré un premier programme d'ajustement lancé en décembre 1982 sous l'égide du FMI, les arriérés de paiement s'accumulaient (40 millions de DTS à la fin 1983), le système bancaire s'effondrait, tandis que la surévaluation du taux de change favorisait une économie parallèle » animée non seulement par la nomenklatura de Sékou Touré, mais aussi par les fonctionnaires et les salariés des entreprises publiques. En souscrivant aux principes du FMI et de la Banque mondiale par l'adoption du PREF (Programme de redressement économique et financier), dont le contenu de première phase (1986-1988) a été révélé lors du discours présidentiel du 22 décembre 1985, le Comité militaire de redressement national (CMRN) a engagé la Guinée dans une stratégie de rupture[29], fondée sur le désengagement de l'État, la relance par les vertus du

26. L. Gilles, « Les institutions de Bretton Woods en République de Guinée », *Politique africaine*, n° 36, décembre 1989, p. 71-72.
27. Yves Topol, « Réajuster l'économie : premier bilan des réformes », *Politique africaine*, n° 36, décembre 1989, p. 57-60. Il cite A. Morice, « Guinée 1985 : État, corruption et trafics », *Les Temps Modernes*, février 1987, p. 108-136.
28. En 1983 (source Morice, *op. cit.*, p. 110). Pour Gilles (*op. cit.*, p. 76), qui publie son article deux ans plus tard, le secteur minier assure encore 86 % des recettes d'exportation.
29. Appuis financiers du FMI (crédit standby de 33 MDTS le 3 février 86, crédit standby de 11,6 millions DTS et facilités d'ajustement de 36,77 MDTS le 29 juillet 1987), de la Banque mondiale (Crédit d'ajustement IDA de 22,9 MDTS et financement de 15,6 M DTS en février 1986) de la France (prêt CCCE de 200 M FF fin 1985), du Japon, de la RFA, des États-Unis.

marché, la promotion de l'initiative privée. La deuxième phase du PREF (1989-1991) a pour objectif principal le rétablissement des grands équilibres macroéconomiques[30], le FMI ayant jugé, le 27 mars 1989, qu'en dépit de retards, le bilan de la première phase était satisfaisant, mais que les déséquilibres financiers internes et externes s'étaient creusés. La mise en œuvre des réformes procède d'avancées et de reculs. Après une période préalable (avril 1984-décembre 1985) révélatrice du problème politique posé aux dirigeants guinéens, le grand saut est franchi en janvier 1986 : la réforme monétaire et bancaire ouvre une nouvelle donne économique, mais il y a un constant retard de la réforme administrative et du secteur public, alors que la libéralisation est confortée par des dispositions législatives. (...) La fermeture des six banques d'État autres que la Banque centrale et le début des opérations de leur mise en liquidation sont intervenus le 23 décembre 1985. Alors que la Banque centrale, devenue la Banque centrale de République de Guinée, a été restructurée avec des experts de la Banque de France, deux nouvelles banques commerciales à capitaux mixtes ont ouvert en décembre 1985 et janvier 1986, confirmant le renforcement de la présence française : la Société générale de banques en Guinée (SGBG) créée le 30 décembre 1985, au capital détenu majoritairement par un consortium de banques européennes, dont la Société générale est chef de file (la part des privés s'élevant à 40 %) ; la Banque internationale pour le commerce et l'industrie en Guinée (BICIGUI) en janvier 1986, avec un ensemble de partenaires étrangers dont la Banque nationale de Paris est le chef de file (...). Outre la BIAG, la SGBG et la BICIGUI, une quatrième banque commerciale a été ouverte le 5 décembre 1988 avec des capitaux français : l'Union

30. Appuis du FMI (facilités d'ajustement 17,37 millions DTS le 27 mars 1989), de la Banque mondiale (crédit d'ajustement IDA de 65 millions $ et financement de 10,8 M $ accordés en juin 1988), de la France (prêt CCCE de 100 M FF accordé début 1989), du Fonds africain de développement (FAD : prêt d'ajustement de 19 M$ début 1989), de la CEE (financement de 12,5 Mécus le 30 décembre 1988).

internationale de banque en Guinée (UIBG), au capital détenu (majoritairement) par le Crédit Lyonnais».

L'évolution de la Guinée s'inscrit dans un mouvement plus général, qui voit les institutions de Bretton Woods (IBW) confrontées à la dégradation de la situation financière des pays en développement et leur imposent des plans d'ajustements structurels (PAS). Les PAS ont en commun une approche centrée sur le redressement des comptes publics, animée par les principes du *new public management*, qui voit l'État comme un agent économique cherchant à optimiser ses interventions. En tirant le fil rouge des conditions d'équilibre des balances des paiements, l'effort de rationalisation conduit à un resserrement du périmètre du secteur public, qui vise à limiter le déficit budgétaire et ouvrir l'accès au crédit en faveur d'usages plus productifs, alimentant l'emploi et les exportations. L'ensemble des prescriptions formulées dans ce cadre est codifié[31] comme «consensus de Washington[32]», doctrine appliquée et diffusée par les IBW, et qui comporte régulièrement des adaptations. Dans les pays en cours d'ajustement structurel, ces mesures convergentes prennent la forme de politiques de dérégulation, de retrait de l'État et de privatisation. Elles se traduisent par des coupes sévères dans les dépenses publiques, visant au premier chef les salaires des fonctionnaires, l'élimination des subventions pour les produits de première nécessité, l'abolition de tout contrôle des prix ainsi que des barrières douanières. Conçue à l'origine pour l'Amérique latine, cette approche va progressivement s'étendre en Guinée, comme à tous les pays en développement faisant face à un problème de paiements extérieurs, imposée par les IBW comme condition de leur accompagnement financier.

---

31. Voir notamment John Williamson, *"What Washington Means by Policy Reform." Latin American Adjustment: How Much Has Happened?*, Washington, Peterson Institute for International Economics, 1990.

32. Puisque conçu dans le périmètre restreint où siègent le FMI, la Banque mondiale, la Banque interaméricaine de développement, la Banque centrale et le Trésor américains.

Le témoignage d'Odile Lapierre (documents en fin de volume) donne un éclairage anecdotique sur ces premières opérations, qui ouvrent une longue séquence. Alpha Ibrahima Diallo[33] décrit la suite de ces programmes :

> « Un programme d'ajustement structurel entraînant un autre, (après le) PREF II (…) la "facilité d'ajustement structurel renforcé" (FASR) pour la période de 1991-1994. Tous ces programmes (PREF I, PREF II, FAS et FASR) avaient pour objectifs le renforcement des réformes exigées par le FMI et la Banque mondiale dans le sens d'un désengagement de l'État des structures de production et de distribution, d'un meilleur contrôle des circuits économiques et financiers, d'une meilleure maîtrise des dépenses publiques et d'une libéralisation tous azimuts. Pour endiguer la pauvreté persistante de la population, le Gouvernement s'est engagé depuis 2000 dans le processus d'élaboration et de mise en œuvre de Documents de Stratégie de la Réduction de la Pauvreté (DSRP). »

Il s'agit donc d'un élément de contexte majeur et durable, par-delà la période présentée dans ce chapitre. Davantage que les logiques propres à chaque bailleur de fonds, les grands équilibres financiers vont durablement dicter leur loi et leurs efforts se trouvent bientôt davantage consacrés au financement de l'ajustement structurel ou de mesures s'y rapportant qu'aux projets de développement, dans un contexte où les réformes, principalement conçues à Washington, constituent un cadre de contraintes important.

Innover face à une situation sans précédent

Après le dégel, la mise en place d'un processus de réforme énergique suscite un engagement exceptionnel, comme c'est souvent le cas en pareille circonstance. En 1985, le rapport d'activité de la Caisse souligne que cette année-là la Guinée se place, avec 523 M FF d'engagements, en tête des pays bénéficiaires,

33. *Op. cit.*, p. 17.

notamment du fait de l'accompagnement de la politique d'ajustement monétaire. Il comporte trois concours. Le premier est un prêt pour financer l'approvisionnement de la population de Conakry en biens de consommation importés (200 MFF), le deuxième est un prêt de 10 MF pour le financement d'études préparatoires pour des projets de développement, et le troisième (976,5 MF) vise à contribuer à la réforme bancaire par le financement de l'installation de la BICIGUI (filiale de la BNP), avec l'appui du FAC et en financement conjoint avec la Banque mondiale. Ce montant inclut par ailleurs un projet de 53,2 MFF pour la construction de logements d'assistants techniques, rendus nécessaires avec la reprise de la coopération, qui s'intensifie.

> « Pendant la période Sékou Touré, les paysans sont retournés pratiquement en autarcie, ne produisant plus pour le marché, parce qu'il n'y avait rien à acheter localement. Ils ne vendaient pas en Guinée mais ils vendaient en contrebande en Côte-d'Ivoire, en FCFA, pour pouvoir acheter tous les produits. La première action de redressement a consisté en 1986 à réaliser une réforme monétaire mais aussi à mettre sur le marché de Conakry des biens de première nécessité redistribués partiellement en brousse. L'approvisionnement des marchés ruraux en textile, savon et autres produits de base a permis de relancer la production[34]. »

Pour rallier la population au processus de réforme, une opération sans précédent[35] vise à approvisionner Conakry en biens de consommation importés. Elle mobilise des compétences nouvelles à la Caisse centrale, puisqu'il s'agit de réaliser de multiples achats et de mettre en place discrètement les stocks appropriés. Une société mixte, la Société guinéenne de commerce (SGC) associée à la Société commerciale ouest-africaine SCOA et la Compagnie française de l'Afrique Occidentale CFAO) est créée en 1985 grâce à un crédit de la

34. *Les problèmes économiques du Tiers Monde et les conditions de développement*, Fondation nationale des sciences politiques, s. l., 1987, tome 1, p. 76.
35. Une opération de même nature s'est déroulée sur deux ans au Mozambique, en faveur des zones rurales.

Caisse centrale. Son objectif est d'importer les denrées de base et de garantir la régularité de l'approvisionnement. La SGC « a eu pour objectif la réinsertion progressive des marchés parallèles dans le circuit officiel grâce à l'institution d'un marché libre. Chargée initialement de l'importation et de la vente de l'ensemble des produits alimentaires de première nécessité aux grossistes et semi grossistes, la SGC a, dès fin juillet 1985, cessé l'importation et la distribution du riz au profit des commerçants privés guinéens[36]. » La SGC interviendra « une année durant en concurrence avec les opérateurs privés, puis, les années suivantes, ces derniers auront progressivement la mainmise sur la majeure partie des importations[37]. »

Les réformes permettent la reprise du financement du secteur privé : « Sans négliger les pays dans lesquels elle s'était montrée la plus active jusqu'à présent, Proparco a examiné des projets en République de Guinée, (...) répondant ainsi à la demande des autorités et des entreprises[38]. » Ceci est mis en lumière par le contexte, résumé par un premier financement de la Caisse centrale en faveur du secteur privé en 1986, de 95 M FF, en faveur de la Banque centrale de Guinée pour le refinancement des crédits d'investissements accordés par les banques guinéennes en faveur des PME.

Mais dans la situation générale de la Guinée, le secteur financier paraît impuissant à faire face à une demande large, et le pays va faire figure de candidat pour une nouvelle approche du financement rural, avec le micro-crédit, en grande partie sous l'effet de l'engagement personnel de Maria Nowak. En particulier, elle adresse en octobre 1987 une note à la direction de l'établissement portant sur « l'irrésistible ascension de la Grameen Bank et ses implications pour la Caisse centrale ». À la suite d'une première mission en février elle est revenue au Bangladesh, à titre personnel, pour préparer la réalisation d'un « package » audiovisuel sur la Grameen Bank destiné à

36. Topol, *op. cit.*, p. 65.
37. Agnès Lambert, « Les hommes d'affaires guinéens », *Cahiers d'études africaines*, vol. 31, n° 124, 1991, Anthropologie de l'entreprise, p. 493.
38. Proparco, *Rapport d'activité 1986*, p. 4.

la formation des cadres de développement. Elle propose une stratégie offensive :

> « Dans le contexte actuel où le prêt est remis en cause, au crédit rural reste pour la Caisse centrale un domaine, l'expérience de la Grameen Bank ne peut laisser la Caisse centrale indifférente. Certes, le contexte africain présente des difficultés spécifiques qui empêchent la reproduction pure et simple du modèle fonctionnant au Bangladesh : faible densité de la population, nécessité de coupler le crédit rural et le Crédit Agricole compte tenu du fait que, contrairement au Bangladesh, la population rurale ne se divise pas en paysans sans terre et paysans avec terre, mais pratique parallèlement, souvent de façon saisonnière, les activités agricoles et non agricoles, marché local plus étroit et intensité des échanges plus faible, cadres nationaux moins nombreux et d'une qualité inégale. Il est néanmoins nécessaire de s'intéresser à ce type d'opération pour trois raisons :
>
> – Avant tout, l'idée est juste en soi. Il n'est pas possible de développer l'Afrique en laissant à l'écart la masse des petits producteurs qui, catalogués dédaigneusement dans l'économie informelle, n'en constituent pas moins une part importante de l'économie réelle.
> – Dans le contexte actuel où le prêt est remis en cause au bénéfice du don, le crédit rural reste pour la Caisse centrale un domaine d'intervention privilégié. Si la Caisse centrale doit jouer un rôle important dans la restructuration du système bancaire de l'UMOA, elle ne peut se désintéresser de la mise en place d'un crédit rural efficace, d'autant plus qu'un certain nombre d'établissements spécialisés (…) risquent de disparaître dans la tourmente.
> – Après la « mode Benor[39] » imposée à l'Afrique, la coopération internationale risque fort de tomber dans la mode Grameen Bank, avec tous les dangers de systématisation

39. La note fait référence à la vulgarisation agricole, sujet récurrent d'affrontements de la Caisse centrale et la Banque mondiale en Afrique, l'approche de la Banque étant incarnée alors principalement dans ce que l'on désigne alors comme le « Benor system », du nom d'un de ses agents, qui l'avait théorisé dans un livre mai 1977 (auteurs : Daniel Benor and James Q. Harrison) *Agricultural Extension. The Training and Visit System* et un autre du même titre en 1984 (avec en outre Michael Baxter comme co-auteur).

> et de perversion qu'entraîne ce type de phénomène. Plutôt que de se laisser emporter par cette vague et phagocyter dans des opérations lourdes et mal montées, il semblerait judicieux de précéder le mouvement et essayer, dans toute la mesure du possible, de l'analyser. Ce n'est qu'à partir d'une expérience concrète qu'on peut espérer infléchir de façon constructive la politique de nos partenaires.
>
> Notre stratégie pourrait être la suivante :
>
> a) Affirmer l'importance accordée au crédit rural (agricole et non agricole) et la volonté de la Caisse centrale de s'engager davantage dans ce secteur pour rebâtir, avec des méthodes plus imaginatives, un système de financement de petites exploitations et microentreprises artisanales.
>
> b) Essayer de monter partout où cela est possible, dans le cadre des projets de développement rural ou, de préférence, hors projets, des opérations pilotes de crédit rural d'inspiration mutualiste en persuadant les gouvernements que ces projets doivent être menés hors l'administration. La première expérience de ce type est dès à présent prévue en Guinée. (...) Les systèmes de crédit mis au point en fonction des besoins et contraintes du milieu rural pourraient, dans un second temps, soit être raccordés aux banques, soit donner lieu à la création d'institutions spécialisées (...).
>
> c) Former les cadres africains ä cette approche nouvelle en envoyant le plus rapidement possible des jeunes, motivés, en stage de 3 mois a la Grameen Bank. »

Une première opération est décidée fin 1987 (convention d'ouverture de crédit signée le 19 mai 1988 entre la Caisse centrale et l'État guinéen (ministre de l'Économie et des finances et ministère de l'Agriculture et des ressources animales). Dans ce cadre, Lucien Humbert[40] rend compte début 1989 d'une démarche originale :

> « Un projet pilote de Crédit rural a été mis en place en 1988 sur financement CCCE avec trois objectifs principaux, promouvoir la coordination entre les pratiques de crédit des différents projets, étudier avec les banques commerciales les

40. Ingénieur agronome, alors en poste à l'agence de Conakry.

moyens d'accroître leur implication dans un système de crédit rural et tester une opération de crédit hors projet d'encadrement classique.

En effet, des expériences que nous avons de l'Afrique de l'Ouest, il ressort que les prêts des banques commerciales sont limités aux entreprises commerciales et industrielles, présentant des garanties financières suffisantes et concentrées dans les capitales et les grands centres urbains.

Les crédits en zones rurales passent par des institutions nationales ou par des projets d'encadrement. Les institutions de Crédit Agricole, à quelques rares exceptions près, ont fait la preuve de leur manque d'efficacité et de l'impossibilité d'aboutir à un équilibre financier.

Les projets d'encadrement représentent actuellement un impact relativement limité par rapport à la population rurale de chaque pays de l'Afrique de l'Ouest et, en dehors des zones d'intervention des opérations cotonnières, (...) Faute d'existence de véritable garantie foncière ou financière en milieu rural, on a cherché à développer les principes de mutualisme. Outre que les tentatives actuelles restent ponctuelles en Afrique de l'Ouest, elles ne paraissent pas toujours adaptées aux contexte économique et monétaire (par exemple le préalable de l'épargne se prête mal aux situations d'inflation importante). Les prêts limités à une partie des montants épargnés ne peuvent être que très lentement générateurs de développement économique régional. C'est dans ce cadre et dans cette perspective qu'il est apparu intéressant que pendant 2 semaines une délégation guinéenne composée de représentants d'institutions très complémentaires par rapport à ce problème de Crédit rural puisse échanger leurs points de vue au travers de la découverte d'un système de crédit rural novateur et performant : la Grameen Bank du Bangladesh. »

Cette mission, début février, permet d'identifier de nombreuses applications possibles en Guinée, qui devient ainsi un des premiers pays à bénéficier de cette nouvelle approche du financement local du développement.

4

Après la guerre froide, la mondialisation et les réformes transforment le monde des bailleurs de fonds

Pour le monde du développement, la fin de la guerre froide se matérialise par les progrès des processus de libéralisation, y compris dans les anciens pays du bloc soviétique, mais aussi par une perte de motivation, qui se traduit par une baisse de l'aide – avec un effet plus fort dans les pays les moins avancés. Cette baisse de l'aide des années 1990 affecte également la Guinée, où elle recouvre une réorientation sectorielle et thématique. En outre, de nombreux changements interviennent, tant dans les structures de l'aide française qu'en termes de pensée financière, avec la remise en cause des attitudes relatives à la dette.

Nouveaux thèmes

Sans avoir connu des parcours économiques comparables à celui de la Guinée, nombre de pays ont été soumis à des ajustements structurels pendant les années 1980. La décennie consacre trois grandes évolutions :

- La généralisation du consensus de Washington : la fin de la crainte de glissements géopolitiques s'exprime à travers la mise en place de conditionnalités fermes en termes de gestion publique.
- La réflexion sur le développement devient plus large avec le développement durable (1987) et le développement humain (1990 – premier rapport du PNUD) qui répondent aux dénonciations de la décennie perdue du développement ou des coûts sociaux de l'ajustement ; pour autant elle n'est pas beaucoup plus interdisciplinaire.
- Les organisations internationales peuvent désormais engager une mondialisation poussée en accueillant les États de la sphère d'influence soviétique et les nouveaux pays indépendants.

Avec la fin de la guerre froide, le thème de la gouvernance démocratique s'impose, puisque les pays communistes semblent s'être ralliés à l'économie de marché et à la démocratie multipartisane, comprise comme un facteur de la réussite du camp opposé. Des économistes débattront en outre de leur rôle parmi les facteurs de la prospérité des nations (voir les termes du débat dans Philippe Marchesin, « Démocratie et développement », Revue Tiers Monde, 2004). Ceci impose aux bailleurs de fonds d'élargir leur approche en ajoutant à une démarche diplomatique par le haut une prise en compte de la situation concrète de chaque pays par le bas : la thématique de la société civile prend plus de place.

16e conférence des chefs d'État d'Afrique et de France, 20 juin 1990, La Baule

Extrait du discours du président de la République François Mitterrand

« Il nous faut parler de démocratie. C'est un principe universel qui vient d'apparaître aux peuples de l'Europe centrale comme une évidence absolue au point qu'en l'espace de quelques semaines les régimes considérés comme les plus forts ont été bouleversés. Le peuple était dans les rues, sur les places et le pouvoir ancien, sentant sa fragilité, cessait toute résistance comme s'il était déjà, et depuis longtemps, vidé de substance et qu'il le savait. (…) Il faut bien se dire que ce souffle fera le tour de la planète. Désormais on le sait bien : que survienne une glaciation ou un réchauffement sur l'un des deux pôles et voilà que le globe tout entier en ressent les effets. Cette réflexion ne doit pas rester climatique, elle s'applique à la société des hommes ! Enfin on respire, enfin on espère, parce que la démocratie est un principe universel. Mais il ne faut pas oublier les différences de structures, de civilisations, de traditions, de mœurs. Il est impossible de proposer un système tout fait. La France n'a pas à dicter je ne sais quelle loi constitutionnelle qui s'imposerait de facto à l'ensemble de peuples qui ont leur propre conscience et leur propre histoire et qui doivent savoir comment se diriger vers le principe universel qu'est la démocratie. Et il n'y a pas trente-six chemins vers la démocratie. Comme le rappelait M. le président du Sénégal, il faut un État, il faut le développement et il faut l'apprentissage des libertés. Comment voulez-vous engendrer la démocratie, un principe de représentation nationale avec la participation de nombreux partis, organiser le choc des idées, les moyens de la presse, tandis que les deux tiers d'un peuple vivraient dans la misère. Je le répète, la France n'entend pas intervenir dans les affaires intérieures des États africains amis. Elle dit son mot, elle entend poursuivre son œuvre d'aide, d'amitié et de solidarité. Elle n'entend pas soumettre à la question, elle n'entend pas abandonner quelque pays d'Afrique que ce soit. Ce plus de liberté, ce ne sont pas simplement les États qui peuvent le faire, ce sont les citoyens : il faut donc prendre leur avis et ce ne sont pas simplement les puissances publiques qui peuvent agir, ce sont aussi les organisations non gouvernementales qui souvent connaissent mieux le terrain, qui en épousent les difficultés, qui savent comment panser les plaies. Nous ne voulons pas intervenir dans les affaires intérieures. Pour nous, cette forme subtile de colonialisme qui consisterait à faire la leçon en permanence aux États africains et à ceux qui les dirigent, c'est une forme de colonialisme aussi perverse que toute autre. Ce serait considérer qu'il y a des peuples supérieurs, qui disposent de la vérité, et d'autres qui n'en seraient pas capables, alors que je connais les efforts de tant de dirigeants qui aiment leur peuple et qui entendent le servir même si ce n'est pas de la même façon que sur les rives de la Seine ou de la Tamise. »

Après le discours de La Baule, deux mutations s'engagent pour l'aide française en général et en Guinée en particulier : la mise en place d'une conditionnalité politique, et l'engagement pour le désendettement – la France ne fera plus de prêt aux États les plus pauvres et endettés, la Caisse leur apportera des dons (selon les mêmes procédures que pour les prêts). S'ensuit une annulation unilatérale[1] (hors Club de Paris) de la dette constituée par des concours d'aide publique au développement.

La conditionnalité politique va être inscrite notamment dans les accords d'association de l'Union européenne avec les pays ACP (article 96) puis sera étendue dans les accords avec les autres pays en développement. Cette clause restera d'un emploi malaisé, et soulève nombre de questions dans les situations concrètes, mais le signal est donné, le temps de la guerre froide est révolu, et les valeurs du pluralisme politique sont désormais des revendications de portée universelle.

La baisse de l'aide pendant les années 1990

À partir de 1992, s'opère une rupture de tendance de l'APD en faveur de la Guinée, qui amorce un net déclin. En dollars constants, l'APD (nette) versée en 1999 ne représentait plus que la moitié de 1992 (essentiellement sous l'effet de la réduction

1. Dite « Dakar 1 ». 35 pays en ont été bénéficiaires.

de l'aide française) ; l'aide multilatérale a suivi une évolution plus chaotique, mais avec une tendance parallèle, pour atteindre un niveau très faible en 2000.

Selon le rapport préliminaire d'évaluation rétrospective de la coopération française en Guinée, il convient néanmoins de relativiser cette tendance défavorable en raison de la dépréciation continue du franc guinéen, qui a perdu à peu près la moitié de sa contre-valeur en dollar et en euro entre 1992 et 2002. De fait, tout dollar d'aide internationale a vu sa contre-valeur en francs guinéens courants multipliée par deux au cours de la période sous revue. Or comme les prix intérieurs ont augmenté globalement moins vite (+60 %), le pouvoir d'achat de l'aide a crû finalement de 30 %.

Graphique 1 : La baisse de l'aide à la Guinée dans les années 1990 (en M$ courants)

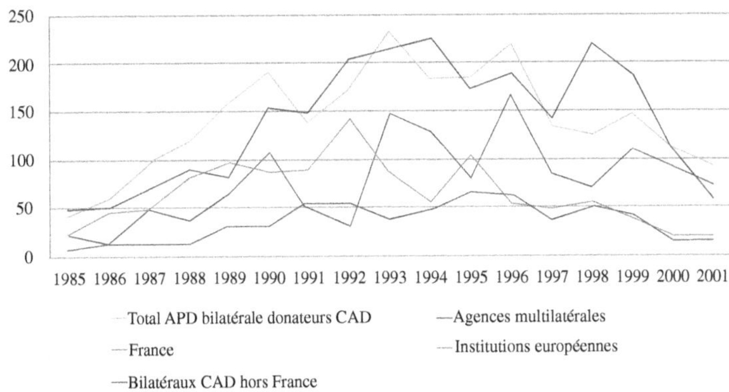

Source : CAD-OCDE (statistiques en ligne – consultation le 23 août 2020) et mise en forme de l'auteur.

La Guinée reste un des principaux pays d'intervention de l'AFD ; c'est que la réduction de l'aide est une tendance générale de la décennie, et elle touche particulièrement l'Afrique. Au cours de cette période, la France a été le principal bailleur de fonds bilatéral de la Guinée (18,9 % de l'aide totale) et le deuxième contributeur, juste derrière la Banque mondiale (21,4 %). Les États-Unis prennent toutefois ponctuellement la première place en 1999 et en 2000.

On se reportera, dans les documents en fin de volume, aux interviews du directeur d'agence, François Peyredieu du Charlat, et de son adjoint, André Meyer, pour les détails sur les opérations financées.

La rationalité économique de plus en plus prégnante dans les politiques publiques se traduit par une rationalisation progressive des institutions. La fin de la guerre froide semble sonner le glas d'une période. Il ne s'agit pas tant de son influence éventuelle sur la distribution de l'aide : le cas de la Guinée montre qu'en fait les pays communistes n'ont pas pris en charge l'ensemble des financements internationaux nécessaires, mais qu'ils ont contribué à diversifier l'offre et les modalités de l'intervention internationale, dans une coexistence généralement pacifique. C'est qu'alors l'aide va tenter de s'assortir de conditions politiques visant à une plus grande efficience de la gouvernance des pays concernés comme des investissements qu'elle y finance. Ainsi se tourne la page d'une représentation binaire de cette politique et de ses instruments, et l'économie s'impose comme un puissant moteur de l'efficacité politique.

En France s'engage une série de réformes. Une circulaire du Premier ministre Michel Rocard, en date du 23 février 1989, ouvre une révision sans précédent de l'approche française du service public et annonce un processus de réforme de l'État qui sera repris par ses successeurs. En moins d'une douzaine de pages elle définit des principes de rénovation des relations du travail, de développement des responsabilités, d'évaluation et d'accueil des usagers. Le président de la République saisit l'occasion d'un sommet franco-africain pour formuler des exigences nouvelles. Ces évolutions engagent des réformes de l'aide qui va progressivement (et lentement) se concentrer entre les mains de la Caisse, en commençant par les pays du Maghreb.

Désormais, la fin de la guerre froide coïncidant avec une approche des politiques publiques plus marquées par la recherche de la rationalité économique, les bailleurs de fonds doivent se départir d'approches strictement bilatérales pour privilégier l'atteinte d'objectifs de développement définis en commun. Pour plus d'efficacité, ils doivent approfondir leur coordination en inscrivant leur action dans le cadre partagé des Objectifs internationaux du développement, définis dès avril 1996 au sein du CAD. Ils seront complétés les années suivantes pour constituer les Objectifs du Millénaire pour le Développement, adoptés en septembre 2000 lors du sommet du Millénaire organisé par les Nations unies. La coopération n'est plus comprise comme une relation simple entre une institution et un pays, mais comme des processus complexes, entre bailleurs de fonds partenaires et leurs « clients ». Par-delà un objectif en termes d'effort (0,7 % du Produit intérieur brut des donateurs), se met en place l'idée de constituer une sorte de filet de protection sociale planétaire.

Les engagements et décaissements de l'AFD en Guinée hors ajustement structurel représentent en moyenne sur les cinq dernières années du XXe siècle de l'ordre de 20 Meuros, avec toutefois des fluctuations importantes.

Cette première photo du personnel de l'agence, ici réunie autour du directeur général, ouvre une série de portraits en image qui vont illustrer ce livre. Leur série permet d'exprimer à la fois les fluctuations de la relation avec la Guinée, mais aussi de se représenter les relations entre les personnes, dont les témoignages regroupés en fin de livre permettent aussi d'avoir un aperçu. Cette photo compte parmi les premières de ce genre ; c'est l'expression d'un attachement particulier d'Antoine Pouillieute à reconstituer des « portraits de famille », ouvrant ainsi une tradition utile pour l'historien.

Photo 6 : Voyage du Directeur général Antoine Pouillieute à Conakry (1995).

1er rang assis : Boubacar Bah, Ismaël Keita, Alpha Fofana, Ousmane Bangoura, Vamoussa Bangoura, Amadou Bah ; Deuxième rang assis : Moussa Doubouya, Ibrahima Diogo ; 1er rang debout : Thierry de Geyer d'Orth, Antoine Pouillieute, Lamarana Sow, Christiane Istasse, Kadiatou Sow, Henriette Fernandez, Diallo Saliou, Guy Lecamus ; 2e debout : François Peyredieu du Charlat, Luc Mogenet, Geneviève Baldé, Eric Auclair, Erwan Thouault (les noms soulignés correspondent aux personnes qui figurent sur la photo de 2005-2008)

En 1995, après une année record (plus de 400 MF d'engagements) pour l'activité de l'établissement, la revue « L'économie guinéenne » lui consacre un numéro spécial (n° 03. avril-mai-juin 1995). Ce numéro alterne les témoignages d'agents de la CFD à Conakry et ceux de responsables d'opérations qu'elle finance. Il est introduit par le directeur de l'agence, M. Peyredieu du Charlat, dont l'interview intitulée « Nous accompagnons l'action du Gouvernement » précise que l'axe principal de la coopération de l'agence avec la Guinée « reste l'aide au développement. Cette aide ne se fait que par la mise en place de financements. Nous n'avons pas de corps constitué d'assistance technique ; nous n'avons que des moyens financiers qui sont utilisés dans trois domaines importants, le développement rural, dans toutes ses composantes, le développement des infrastructures et le développement des entreprises. (…) ces trois axes font 80 à 90 % de notre activité ». Chacun de ces axes va donner lieu à l'interview du responsable concerné, respectivement André Meyer (sous-directeur), Rémi Gouin et Victor Nugent. Un extrait de ce numéro (voir en fin de volume les interviews de MM Peyredieu du Charlat et Meyer) permet de rendre compte des spécificités de l'intervention de la CFD en Guinée au milieu des années 1990.

Les deux tiers de l'APD reçue par la Guinée au cours de la période 1992-1999 sont concentrés dans trois grands secteurs d'intervention : les infrastructures (35 % du total), l'agriculture et le développement rural (17 %) et les secteurs sociaux (16 %). La France n'est intervenue que modestement dans les secteurs sociaux, privilégiant les infrastructures ainsi que le secteur agricole où sa coopération s'affirme comme une référence. L'AFD inscrit son action en ligne avec ces choix de la politique française : développement rural et agricole (47 %) infrastructures et équipements urbains (46 %). Ces financements peuvent exercer un effet de mobilisation d'autres ressources. Ainsi, le 11 août 1995, à son retour de voyage en Afrique, le président de la République, Jacques Chirac, écrivait à James Wolfensohn, président de la Banque mondiale pour lui indiquer que la France soutiendra le projet de barrage de Garafiri, au vu des études approfondies, et en considération de l'importance que lui attache le président guinéen qui le « qualifie de vital pour l'approvisionnement en énergie de son pays ». Il observe que la Banque, qui avait initialement donné son accord, est ensuite revenue dessus, et demande au président son avis. De fait, la Banque exerçait un véritable veto, qui a été débloqué peu après cette assurance d'un financement français, sans quoi le projet n'aurait jamais vu le jour[2].

2. Communication de l'archive et témoignage de Jean-François Arnal, AFD, le 14 septembre 2020.

Les réformes de l'aide française

Jusqu'alors, la répartition des fonctions entre l'AFD et sa tutelle était claire: au ministère de la Coopération les subventions et la coopération technique, à l'AFD les prêts et l'ingénierie financière. Le processus de réforme de l'État engagé par gouvernement Rocard se traduit par des redistributions progressives de fonctions. Ainsi, en 1998, l'AFD se voit transférer une première compétence sectorielle du ministère (tout juste absorbé par celui des Affaires étrangères) dans les domaines de la santé et de l'éducation. Le dispositif se resserre et se simplifie progressivement, selon le schéma de principe de la page suivante.

Après l'annonce par le Premier ministre, Lionel Jospin, de la réforme, le directeur général de l'AFD, Antoine Pouillieute, se rend en Guinée (où il effectue son deuxième déplacement dans ces fonctions), afin d'expliquer les implications de la réforme pour cet important pays partenaire. Accompagné d'une délégation substantielle de Paris (sa cheffe de cabinet Marie-Pierre Nicollet et la responsable géographique Guinée Sénégal, Catherine Chevallier) et de Conakry (l'ambassadeur de France Christophe Philibert, le directeur d'agence Laurent Fontaine et ses adjoints Thierry de Geyer et Luc Mogenet), Antoine Pouillieute rencontre le chef de l'État en présence notamment du ministre guinéen pour le plan et la coopération afin de recueillir ses priorités de développement pour les prendre en compte dans le partenariat du pays avec l'AFD. Un film a été conservé de cette visite[3], où Antoine Pouillieute résume ainsi ces priorités: le développement rural et des infrastructures, dans une logique de proximité avec la population. Cette mission est en outre l'occasion d'une visite de Garafiri[4], projet qui connaît une réalisation rapide, de l'inauguration de l'aérogare

3. Archives 1998_VIS_AFR198 – film numérisé par le ministère de l'Économie, Service de l'environnement professionnel, film en couleurs, durée: 1 h 22 min.

4. Le directeur général observe à son sujet que lors de son précédent voyage, deux ans et demi auparavant, le projet n'existait encore qu'à l'état de papier.

domestique de Conakry, et la signature de conventions pour la mise en place de huit fonds ruraux.

En juillet 1999, le président J. Chirac effectue la 4e tournée africaine de son septennat[5]. En 5 jours, il visite la Guinée, le Togo, le Nigéria et le Cameroun. Durant ce voyage, J. Chirac réaffirme la priorité africaine de la France et va promouvoir « l'enracinement de la démocratie » comme essentiel au développement. Le président se rend sur le site du barrage de Garafiri (chantier encore en cours en 2000[6]), financé en partie par l'AFD, qui a pris le relais de la Banque mondiale. Il évoque l'aide française et son attachement au respect de l'état de droit (le commentaire du chercheur Richard Banégas à la télévision le dit très clairement).

Les journaux successifs (voir un recensement dans l'encadré ci-après) mettent l'accent sur un accueil populaire très chaleureux, qui vise à tourner la page du froid de l'ère Sékou Touré ; en contrepoint, la question de la libération d'Alpha Condé, emprisonné depuis 7 mois est systématiquement évoquée.

5. VHS n° : 35 (master du service audiovisuel de la Présidence). Intitulé : Visite du Président Chirac en Afrique 21-22 juillet 1999. Durée : 1 :31'. Personnalités : Jacques Chirac, J. Josselin, Lansana Conté, Richard Banégas (CERI).

6. Cf. Bordes et Herriou : Souvent le moment de la décision de construire un ouvrage tarde beaucoup, et les premières études, qui ont conduit à la définition de l'aménagement, doivent être actualisées plusieurs années plus tard. Un exemple significatif est celui du complexe Souapiti-Kaléta en Guinée. Les premières études du projet de Souapiti datent de 1956, (...). En 1978, les autorités guinéennes demandent à Coyne et Bellier de réexaminer le projet car il s'agissait de fournir de l'électricité à des conditions économiques attrayantes pour transformer la bauxite en alumine puis en aluminium. Les études d'actualisation furent menées, mais la mise en place des financements nécessaires à la réalisation s'avéra difficile à obtenir. Après la mise en service d'un projet plus modeste sur le bassin du Konkouré à Garafiri pour satisfaire la demande guinéenne en électricité, un nouveau projet vient de démarrer à Kaléta, mais le grand aménagement de Souapiti reste au stade du projet.

Couverture télévisée du voyage du président de la République (1999)

Retranscription par Virginie Troit[7]

Mercredi 21 juillet
3' : LCI – Annonce la tournée du président dans ce pays « décrié par les ONG ».
4' : France 2 nuit – 1re élocution de J. Chirac qui souligne la volonté de la France « d'accompagner la Guinée sur le chemin de la démocratie et du développement dans le respect des identités de chacun ». Condition du soutien de la France par le maintien de la démocratie et d'un état de droit.

Jeudi 22 juillet
10' : 13 h de France 2 – Discours de Lansana Conté en réaction aux conditionnalités et qui souligne que chacun doit balayer devant sa porte.
12' : FR3 – Évocation de la visite d'un barrage financé avec le soutien de la France mais sans image. Commentaire sur « la France, 1er donneur d'aide » avec les images d'un hôpital qui accueillent les réfugiés des pays voisins.
14' : 20 h de TF1 – Images sur l'inauguration du barrage de Garafiri construit avec les financements de la France. Le journaliste évoque « un paternalisme critiqué ».
16' : Images du barrage et commentaires sur l'aide de 250 MF de la France, lâchée en cours de route par la Banque Mondiale. Le discours de J. Chirac sur le site aborde les thèmes de démocratisation et de lutte contre la pauvreté.
18' : 19-20 de France 3 – Reportage sur le barrage qui fournira de l'électricité à la moitié de la population, soit 3 millions de personnes. « L'aide publique substantielle pour soutenir les pays qui se réforment, qui se modernisent,

7. Dans le cadre d'une recherche effectuée à l'AFD : Virginie Troit, « La photographie, prisme de lecture et enjeu révélateur du système de l'aide internationale », *Mondes en développement*, n° 165, 2014, p. 119-131.

pour consolider les acquis de la démocratie et du développement, les préserver des crises… ».
21' : Arte Info – Le reportage souligne « les relations délicates de la France avec ses anciennes colonies » et parle des « visites ponctuées par une série de déclarations très diplomatiques à l'adresse de gouvernements peu démocratiques ». Interview de l'expert en études africaines, Richard Banégas, qui trouve « étonnant de parler d'enracinement de la démocratie » alors que la plupart des dirigeants rencontrés ont été « réélus au prix de manipulations électorales » et déplore que le président « Chirac adoube ces processus de restauration autoritaire ».

Les réformes du système international d'aide des années 2000

Depuis les années 1990 s'est ouverte une période d'intense débat sur les effets des prêts pour les pays en développement. La communauté internationale essaye de mettre en place des instruments pour éviter le retour aux errements du passé.

La politique d'aide est désormais analysée en termes d'efficacité économique sur le terrain, avec une logique complémentaire d'appui aux négociations multilatérales, qui est de plus en plus pressante après 2001. L'introduction des objectifs de développement contribue à réorienter l'aide vers les secteurs sociaux, et vers des programmes prenant en charge davantage de dépenses locales, réduisant son contenu en commerce international.

L'analyse de la liaison des financements conclut à son inefficacité, à la fois pour le pays bénéficiaire (surcoûts, aggravant le risque de surendettement, corruption, technologies inadaptées, logique d'offre) et pour le donateur (mauvaise image dans une opinion qui dénonce une logique affairiste au détriment du développement, risques de corruption, ententes sur les marchés, surcoût budgétaire). Dans ce contexte, les pays membres de l'OCDE ont finalement décidé de délier l'aide, d'abord en faveur des pays les moins avancés (PMA), puis en faveur d'autres catégories de pays (pays non PMA fortement endettés en 2008). La France a souscrit au consensus international et le gouvernement a délié l'aide de l'AFD.

Le déliement augmente l'importance des acteurs nationaux ; dès l'origine l'aide de la Caisse centrale reposait sur l'implication des maîtres d'ouvrage, mais à présent ces interlocuteurs peuvent faire jouer librement la concurrence, ce qui leur donne une plus grande responsabilité dans la conduite des projets. Les préoccupations commerciales étant moins prégnantes, et des objectifs communs leur étant assignés, les bailleurs de fonds développent des relations plus étroites entre eux. Un des buts est de parvenir, par l'action concertée, à peser moins sur les administrations locales pour éviter les coûts de transaction souvent excessifs que suscite l'aide, particulièrement sensibles dans un pays où elle vient de très nombreuses sources.

Parmi les actions de coopération, un cycle de forums de haut niveau sur l'efficacité de l'aide, initié à Rome en 2003, rassemble les gouvernements et les agences multilatérales. Ce processus s'est développé notamment au sein des institutions financières internationales et du CAD. Les forums de Rome puis de Paris ont conseillé d'aligner l'action financière sur les politiques du pays bénéficiaire et de simplifier les procédures. La déclaration de Paris en 2005 a mis en avant cinq mots clés pour l'action dans les pays en développement : appropriation, harmonisation, alignement, résultats et responsabilité mutuelle.

L'accent mis sur l'appropriation comme critère d'efficacité incite à engager la discussion en amont des projets, et à renforcer les processus d'explicitation des stratégies des bailleurs de fonds. Toutefois, il est sans doute trop tôt pour démêler la part des bonnes intentions de la réalité dans les suites de la déclaration de Paris. Une histoire donnant plus de place aux acteurs du terrain pourrait seule dire s'ils ont perçu des évolutions dans les méthodes des donateurs. Maria Nowak a eu l'occasion, au début du XXIe siècle, de retourner dans le village où elle avait séjourné plus de 40 ans auparavant, et d'y retrouver avec émotion les personnes qu'elle avait connues, sans hélas pouvoir constater de changement dans leur condition (entretien téléphonique – 13 novembre 2019).

Photo 7 : Retour à Madina-Dian (collection Maria Nowak).

Autre effet du déliement de l'aide : les enjeux commerciaux associés diminuant, le redéploiement sur les secteurs sociaux est plus net. Le traitement de la dette va également y contribuer.

L'annulation de la dette

Le G7 de Lyon, en 1996, marque le lancement de l'initiative en faveur des pays pauvres très endettés, « PPTE ». L'innovation réside dans la prise en considération de l'ensemble de la dette publique de ces pays, autant bilatérale que multilatérale, permise par la remise en cause du caractère intouchable des créances multilatérales. Dès septembre 1996, la Banque mondiale obtenait un premier pas vers la réduction de la dette des plus pauvres en faisant approuver le financement d'un plan d'allégement de la dette. Mais la première version de PPTE s'est rapidement avérée insuffisante puisque sur les 41 pays initialement sélectionnés par la Banque mondiale, seuls 7 étaient finalement concernés, pour des montants faibles et à des conditions insuffisantes pour les remettre sur les rails. Une organisation non gouvernementale, « Jubilé 2000 », s'est constituée et, avec un groupe d'ONG d'inspiration confessionnelle (chrétienne), a lancé une pétition visant à la suppression de la dette des pays pauvres à l'occasion du changement de millénaire. Ce mouvement a suscité une campagne mondiale d'ONG en faveur de l'annulation de la dette du tiers-monde en 2000, sous la forme d'une pétition, qui s'est étendue en quelques mois à plus de 120 pays, afin d'obtenir des pays membres du G7 la décision d'annuler intégralement la dette des pays pauvres. Plus de 5 millions de signatures ont été recueillies dans le monde, dont plus de 500000 en France.

Le sommet du G7 de Cologne, en juin 1999, a répondu aux revendications de la pétition, tout en subordonnant la résolution des problèmes d'endettement à des réformes substantielles. La mise en œuvre de ces mesures d'annulation a été confiée au FMI et à la Banque mondiale, et le détail des mesures a été élaboré lors de leurs assemblées annuelles de l'automne 1999. Techniquement, les propositions retenues n'envisagent pas une annulation totale des dettes de ces pays, l'objectif étant de faire atteindre à ces pays un certain seuil de soutenabilité au regard de certains critères. Les critères de sélection des pays (et de soutenabilité de la dette) retenus sont :

- Un stock de dette supérieur à 150 % des exportations et 250 % des recettes fiscales.
- Le service de la dette est supérieur à 20 % des exportations.
- Les exportations doivent représenter plus de 30 % du RNB.
- Et les revenus fiscaux doivent être supérieurs à 15 % du RNB.

Les pays doivent également être éligibles aux seuls financements de l'Association internationale pour le développement (AID). L'initiative de Cologne prévoit l'annulation totale des créances bilatérales d'APD et un allégement des créances d'origine commerciale et des créances multilatérales afin que les pays atteignent un niveau de dette considéré comme soutenable. L'annulation repose sur un mécanisme en deux temps : sur la base de l'établissement d'un DSRP intérimaire, le pays se voit octroyer de premiers aménagements substantiels (point de décision) ; après une période de transition et sur la base d'un DSRP complet, le pays atteint le point d'achèvement, après lequel les annulations sont définitivement acquises. Quant à la

France, outre sa participation à l'initiative PPTE, elle consent en faveur des pays bénéficiaires un effort additionnel d'annulation de la dette qui prend la forme de contrats de désendettement-développement (C2D). Ceux-ci se caractérisent par un mécanisme financier contraignant : le bénéficiaire doit verser un montant correspondant à l'échéance contractuelle, qui fait immédiatement l'objet d'un versement de même montant sur un compte spécial qui permet le suivi de l'affectation des fonds. S'y ajoute une gestion fine des interventions : insertion dans les documents de stratégie de réduction de la pauvreté (DSRP), et recours préférentiel aux mécanismes de type budgétaire, ou à défaut concertés entre parties prenantes.

En décembre 2000, la Guinée atteint le point d'entrée dans le dispositif de réduction de la dette des pays pauvres très endettés. Le point d'achèvement, d'abord prévu en octobre 2002, a finalement été atteint en septembre 2012. Le C2D s'en trouve différé. En 2005, à Gleneagles, des mesures complémentaires d'annulation étaient prises pour les créances multilatérales, elles aussi décalées d'autant dans le cas de la Guinée.

Ainsi, tout au long de cette période de réformes, tant en Guinée qu'en France, la relation entre l'AFD et la Guinée a été très fortement déterminée par des évolutions générales, qui procèdent de la recherche d'un effet de coalition internationale pour promouvoir les réformes indispensables. Pourtant, les témoignages le montrent (cf. documents en fin de volume), l'intervention de l'établissement à travers une agence locale assure une certaine affinité[8] qui construit les bases d'un engagement durable.

8. La publication d'un guide touristique, très exceptionnelle, participe de cette manifestation d'intérêt pour le pays (cf. témoignage de Luc Mogenet).

5

Des années de crises à l'horizon 2030

La Guinée est soumise à des crises qui remettent en cause sa sécurité politique, sanitaire, et exercent leur effet sur l'économie générale. Les bailleurs de fonds, et parmi eux l'agence, partagent l'insécurité que vivent les Guinéens, et mesurent leur soutien. Les témoignages sur cette période mettent volontiers en avant quelques moments difficiles, mais l'attachement au pays est la caractéristique qui prédomine. Les réformes de la coopération française se poursuivent et transforment progressivement les activités de l'agence. L'adoption, en 2015, des objectifs de développement durable, constitue un défi collectif et renouvelle les perspectives d'intervention.

Insécurité dans la sous-région et errance politique

Les frontières de la Guinée ne la protègent pas plus des tensions dans la sous-région que lors de la guerre d'indépendance de la Guinée Bissau. Dans les années 1990, une « aire de conflit (…) s'est étendue à travers les régions frontalières du Libéria, de la Sierra Léone et de la Guinée-Conakry[1] ». Le Liberia a traversé deux périodes de guerre : la première de

1. Ferme *et al.*, *Politique africaine*, n° 88, 2002, p. 27.

1989 à 1996, et la seconde de 1999 à 2003, seulement séparées par les premières années plutôt violentes de la présidence de C. Taylor (1997-2003)[2]. En complément, « l'apparition d'un mouvement insurgé de l'Ouest dans la crise ivoirienne à l'automne 2002, où la forte présence de combattants libériens fait peu de doute, n'est peut-être pas l'ultime développement d'une série de conflits civils qui ont déchiré le Liberia depuis 1989, la Sierra Leone depuis 1991 et, de façon plus épisodique et délimitée, certaines zones de la Guinée, notamment en 2000 et 2001. Certes, on pourrait arguer que le conflit libérien a trouvé son terme en 1997 lorsque Charles Taylor a été élu à la présidence de la République et que la guerre en Sierra Léone a pris fin en 2001, que la Guinée enfin, hormis certains épisodes violents, n'a pas à faire face à une guerre civile[3] ». La tonalité est claire, l'insécurité gagne le pays, qui est rudement sollicité par l'afflux de réfugiés.

Sur cette toile de fond, un document interne[4] observe qu'au plan domestique, « si l'introduction du libéralisme économique et l'avènement de la IIe République ont ouvert au milieu des années quatre-vingt une ère nouvelle, avec l'accession au pouvoir du président Lansana Conté, avec le temps, des doutes se sont fait jour sur la volonté de ce dernier d'instaurer un régime véritablement démocratique et la gouvernance administrative et financière du pays se dégrade singulièrement. Cette évolution conduit, au tournant de la décennie, à une forte perte de crédibilité du régime et de ses dirigeants, notamment vis à vis de la communauté internationale. »

Fin 2003, le chef de l'État révise la Constitution pour pouvoir se présenter une troisième fois, malgré une santé chancelante. Réélu il est rapidement l'objet de critiques d'un entourage qui se raréfie et prend ses distances, au profit d'influences pour le moins discutables. Le document de cadrage pays de 2003 évoque « l'organisation et le déroulement contestés des élections législatives en juillet 2002, puis des présidentielles en

2. Simon-Lorière 2013, p. 79.
3. Marchal *et al.* 2002, p. 5.
4. Cadrage pays de 2003.

décembre 2003 » qui « suscitent de fortes réserves de la part de la communauté internationale. »

Cette décennie est ainsi dès le début une période troublée, jusqu'à la mort, le 22 décembre 2008 du président Conté.

Photo 8 : Le personnel de l'agence de Conakry
© Photo Frédéric Guillaume.

1er rang de gauche à droite Moussa Doumbouya, Diallo Saliou, Malick Keita, Lamarana Sow, Alpha Fofana – 2e rang de gauche à droite : Diallo Mamadou, Marc Dubernet (directeur de 2005 à 2008), Ismaël Keita, Ibrahima Diogo et Frédéric Guillaume (les noms soulignés correspondent aux personnes qui figurent sur la photo de 1995).

Graphique 2 : Évolution du nombre de réfugiés accueillis en Guinée[5]

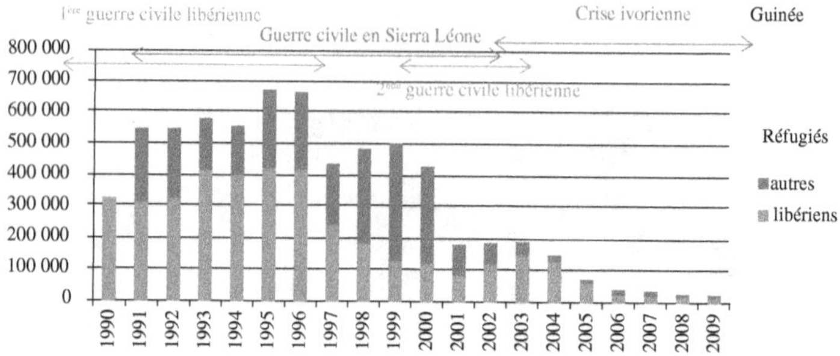

Un soutien conditionnel des bailleurs de fonds

Dans la première décennie du siècle, la Commission européenne gère en Guinée un important portefeuille de projets issu de quatre générations successives de Fonds européen de développement (FED)[6], tant le taux de décaissement est lent. Le 9e FED propose une concentration sur deux secteurs, les routes et le développement rural, avec comme moyens d'intervention des contributions à des programmes sectoriels et appuis budgétaires. En 2004, la procédure de consultation relevant du volet politique[7] du partenariat UE ACP doit être mise en œuvre. La mission d'évaluation a porté une appréciation positive en juin 2005, qui a permis une reprise des engagements – à des niveaux encore limités – pour les infrastructures,

5. Source : Simon-Lorière, *op. cit.*, p. 137.
6. En l'occurrence le sixième FED : 1985-1990 (convention de Lomé III) ; le septième FED : 1990-1995 (convention de Lomé IV) ; le huitième FED : 1995-2000 (convention de Lomé IV et sa révision IV bis) ; le neuvième FED : 2000-2007 (accord de Cotonou).
7. Elle engage ses signataires au respect des principes liés aux droits de l'homme, à la démocratie, à l'État de droit et à la bonne gouvernance, et introduit une conditionnalité politique dans le cadre du dialogue politique, avec des sanctions pouvant aller jusqu'à la suspension partielle ou totale de l'aide, dans le cadre de l'article 96 de l'accord.

la réhabilitation de la Guinée forestière et, pour les infrastructures de santé et d'éducation ainsi que différentes autres actions, devant ouvrir à la révision du document de stratégie pays. La Banque européenne d'investissement (BEI) n'a, quant à elle, qu'un portefeuille limité en Guinée (en faveur du Port autonome de Conakry), aux perspectives obérées par des arriérés de remboursements.

Les financements de la BAD, qui portent sur de nombreux secteurs (développement rural, secteur routier, santé...), font l'objet d'un effort de concentration autour de deux « piliers » : le renforcement des infrastructures de base et des secteurs porteurs de croissance et l'amélioration des services sociaux de base. La BAD a de nouveau levé son régime de sanctions en juillet 2005 et décidé de financer sur dons la totalité des nouvelles interventions sur les deux prochains FAD.

Le système des Nations-unies se concentre, à travers le Programme alimentaire mondial et le Haut comité pour les réfugiés, essentiellement sur les actions humanitaires au bénéfice des réfugiés du Liberia et de Sierra Leone encore installés en Guinée. Ceux-ci, en raison de l'amélioration relative de la situation de la zone et malgré l'effet des évènements récurrents de Côte d'Ivoire depuis 2002, ont déjà largement entamé leur retour au pays.

L'Allemagne, pour laquelle la Guinée n'est pas un pays de concentration de l'aide, cible son intervention en faveur des secteurs sociaux et dans la partie centrale de la Guinée (région du Fouta Djalon). Sa banque de développement, la Kreditanstalt für Wiederaufbau (KfW), a manifesté un intérêt particulier pour l'expérience de l'AFD dans le secteur de la microfinance (mais sans intervenir financièrement) et cofinance avec l'AFD et la BEI le 3e projet d'extension portuaire.

L'aide américaine, à travers l'USAID, poursuit quatre priorités (gestion des ressources naturelles, santé-sida, éducation et bonne gouvernance) en ciblant son action sur des communautés locales, au travers des ONG. Par ailleurs, elle écarte, comme l'Agence canadienne de développement international (ACDI), toute éventualité d'un financement au bénéfice de l'État et ses démembrements. Le Japon apporte des appuis multiformes (dons d'engrais, don d'un bateau de recherche halieutique peu utile à court terme) peu lisibles et d'une efficacité discutable.

Il faut enfin signaler l'importance des financements arabes, par plusieurs institutions (Banque arabe pour le développement économique en Afrique, Banque islamique de développement, Fonds koweitien et saoudien) à conditions concessionnelles, et très présents dans le secteur routier. De même, les financements chinois participent au secteur du BTP (construction d'un immeuble pour la radio/télévision) et sont aussi très présents dans la santé et le développement rural (sous forme de fermes d'État dont ils assurent la gestion).

Au printemps 2005, la Guinée renoue avec le FMI en concluant un programme devant ouvrir la voie à une nouvelle « Facilité pour la réduction de la pauvreté et la croissance ».

Les consultations européennes au titre de l'article 96 concluent à la mi-2005 à une évolution politique jugée favorable, ouvrant des perspectives de reprise des interventions de l'UE. Le Conseil de surveillance de l'AFD décide le 14 avril 2006 la levée des sanctions sur les concours en subventions.

Instabilité politique et insécurité

Une grève générale est déclenchée début 2007. La séquence des événements est retracée à travers quelques échanges internes à l'AFD, où le directeur d'agence, Marc Dubernet, informe le siège parisien de l'actualité. Sans prétendre en faire le récit d'une histoire qui demanderait une abondante documentation, les passages qui suivent sont tirés de ses messages, qui illustrent comment les événements ont été perçus et vécus alors par l'agence.

Le 15 janvier : « Je suis au bureau depuis 6 h 00 ce matin. La situation pour l'instant est calme. Au cours des dernières 48 h, les discussions et négociations se sont poursuivies, marquées par la rencontre entre les leaders syndicaux et le chef de l'État vendredi 12, l'arrestation de plusieurs membres du mouvement de la société civile dans la soirée du 13 janvier et leur relaxe dans la nuit et l'interdiction par les autorités des manifestations prévues ce matin. » « La journée du 25 janvier a été de nouveau calme en Guinée. Quelques manifestations sont à noter, principalement à Kankan (plusieurs milliers de personnes ont défilé dans le calme) qui est le fief du RPG d'Alpha Condé et la capitale du pays malinké. L'activité a un peu repris dans les rues de Conakry avec la livraison de carburant à quelques stations-service proches du centre administratif et l'animation (bien moins importante qu'en temps normal) liée aux déplacements des populations pour tenter de se ravitailler. Les taxis circulent un peu plus mais restent rares dans les quartiers éloignés. Le bilan officieux de la journée du 22 janvier ne cesse d'augmenter. Les chiffres circulant sont plus proches à présent de la centaine de victimes (décès de plusieurs blessés par balle). »

Le 2 février, « l'impression partagée par plusieurs observateurs (...) et certains interlocuteurs impliqués dans le mouvement (société civile ou syndicats) est que le climat reste lourd. La population a repris un rythme de vie à peu près normal bien que l'activité économique soit encore ralentie. Les gens paraissent à la fois un peu hébétés par les évènements récents et le lourd bilan humain mais déterminés à ce que les engagements pris par le PR soient tenus jusqu'au bout avec la nomination d'une personnalité jugée apte à répondre aux aspirations de changement de la grande majorité des Guinéens. » Plus précisément, s'agissant de l'agence, « nous avons décidé (en accord avec l'ambassadeur) d'attendre dimanche 28 janvier pour décider d'un départ des familles d'agents (expatriés) sur la France, si les négociations ne permettaient pas de lever ou suspendre la grève. L'ambassadeur aura à décider également au plus tard dimanche de la réouverture du lycée français et des recommandations aux familles de la communauté française. (...) Au bureau ce matin, j'ai fait venir 5 agents du cadre local au travail : Moussa Doumbouya (qui travaille à réactiver notre serveur), Abdoulaye Diallo, Saliou Diallo, Malick Keita et Alpha Fofana. Les autres agents locaux (coursier, standardiste et gestionnaire) sont restés à leur domicile en raison de leur éloignement et de la difficulté à trouver un taxi. Frédéric

Guillaume est également en poste depuis avant-hier, et notre assistante depuis hier. »

Le 13 mai, le directeur de l'agence informe le siège de l'AFD que « malgré les décisions prises hier (limogeage de généraux, nominations, annonce de la création d'une commission pour traiter le problème des arriérés de solde des militaires), la situation s'est brutalement de nouveau tendue hier en fin d'après-midi. Des tirs nourris étaient entendus dans les principales casernes de Conakry et l'ambassade invitait les Français à rester chez eux. Selon nos informations, les mutins refusaient les nouvelles nominations à la tête de l'armée de proches du président Conté et manifestaient leur amertume que le chef de l'État ne vienne pas personnellement au camp Alpha Yaya pour discuter avec la troupe. Compte-tenu de l'instabilité de cette affaire, j'ai pris la décision de différer deux missions ».

Le 6 janvier 2008 : « Côté syndicats : bien que plutôt divisés ces derniers temps, les deux principaux syndicats représentés par M. Ibrahima Fofana et Mme Rabiatou Serra Diallo ont refait leur unité. Un communiqué de l'intercentrale syndicale du 04/01 informait que les syndicats considéraient que le protocole de sortie de crise signé fin janvier 2007 était violé au plus haut niveau de l'État. En conséquence, la grève générale suspendue fin janvier 2007 est réactivée à compter du 10/01/2008 (date anniversaire symbolique du lancement de la grève générale début 2007). »

Du côté des forces armées guinéennes, une mutinerie est provoquée en mai 2008, suivie par plusieurs semaines de terreur pour les habitants de Conakry. La garde présidentielle était compromise en particulier par des connexions supposées avec la filière de la cocaïne, les réseaux colombiens utilisant la Guinée et la Guinée Bissau comme relais sur la route vers les marchés européens. L'attaque par Pivi et sa bande dans la matinée du 16 juin 2008 d'une compagnie spécialisée de police urbaine (CMIS) en plein centre de Conakry tient du règlement de compte sur fond de trafic de drogue. Le bilan officieux d'une cinquantaine de policiers tués ce jour-là et la chasse à l'uniforme de police et les pillages de commissariats urbains pendant plusieurs jours ont traumatisé ce corps, d'autant plus que cette affaire n'a été suivie d'aucune sanction.

Le 22 décembre 2008, Lansana Conté décède des suites d'une longue maladie à l'âge de 74 ans. Une période nouvelle s'ouvre.

Scènes du quotidien

Alors que la Guinée n'est pas un pays en situation « post-conflit », elle en partage certaines caractéristiques. La prise du pouvoir des militaires en 2008, intervenue à la suite d'un régime déclinant ayant perdu de son autorité, laisse d'importants stigmates. La période 2008-2010 a été marquée par un rôle prépondérant de l'armée dans l'appareil politique. Depuis, un certain nombre de réformes d'envergure ont été lancées en matière de sécurité et de justice, et des résultats en matière de maintien du cadre macro-économique ont été obtenus. Le dialogue politique entre le gouvernement et les partis d'opposition a été difficile à mettre en place. Les tensions fréquentes illustrent un apprentissage douloureux de l'exercice de la démocratie. Cette situation est accentuée par un sentiment d'exaspération des populations, qui aspirent à davantage de justice sociale et au bénéfice d'un minimum de services publics (eau et électricité). La question du « vivre ensemble » constitue ainsi un enjeu crucial pour la stabilité à court terme et le développement durable du pays.

Le directeur de l'agence doit consacrer une part croissante de son activité au suivi d'une actualité politique dense et parfois préoccupante, en tirant les conséquences, pour le travail quotidien comme pour la programmation des missions de Paris. Ceci illustre la diversité des fonctions qui doivent être assurées. L'AFD a dès les origines déployé son activité sur le terrain, en y affectant de solides équipes permanentes de cadres nationaux, comme des cadres expatriés, soumis à mobilité. Si le financement du développement s'apparente à une diplomatie de l'amitié, celle-ci s'illustre précisément dans ces moments que traversent parfois les agences, où la présence semble génératrice de coûts, de sentiment d'impuissance, avec une faible productivité. Il s'agit, non pas d'une dépense injustifiée, mais de la prise en charge de coûts de transaction indispensables à l'établissement et l'entretien d'une relation de qualité. Ces coûts de transaction sont indissociables d'une logique véritable d'investissement, dans une perspective de long terme, et une logique de continuité.

Photo 9 : Acteur de développement filmant un bailleur de fonds en train de le photographier à l'occasion d'une mission d'Aude Penent, experte parisienne (2005-2008)
© Photo de Frédéric Guillaume.

Quelques mois plus tard, le témoignage de Virginie Leroy, alors chargée de mission à Paris, responsable de la Guinée et du Mali, exprime une autre facette de ce récit. Elle montre la complexité et la densité de la relation entre les agents de l'établissement et un de leur pays d'intervention.

Mission en Guinée – de Conakry à la frontière malienne, le 8 juin 2009

(Extrait d'un texte non publié)

La traversée du pays est toujours aussi fascinante de variété, d'authenticité et de beauté... Après les quartiers étendus de Conakry truffés de cahutes jouxtant de grands immeubles carrelés (diaspora, grands commerçants peuls ou libanais...), on plonge dans les bas-fonds et les vergers. Ananas, papayes, mangues, au goût délicieux. Avant de surfer sur les premières crêtes et de surplomber de petites cascades dès les environs de Kindia. Très vite à l'horizon, surgissent, comme un buffet d'orgue, les monts du Fouta Djalon. Le Mont Gangan, le plus imposant, plante d'entrée le décor, comme l'ouverture d'un opéra ou le premier acte d'une tragédie grecque. La montée vers les hauts plateaux du Fouta Djalon puis vers Timbi Madina est pourtant progressive, la route sillonnant entre les montagnes pour tour à tour découvrir une fois en haut des rizières, des champs de fonio, de vastes plaines vallonnées recouvertes du premier tapis de gazon, parfumé de menthe sauvage et parsemé de fleurs, de couleur mauve notamment, apercevoir de véritables forêts, aux contours si majestueux qu'il pourrait s'agir de forêts sacrées. On peine à imaginer les nombreuses chutes d'eau en aplomb des falaises qui bordent ces hauts plateaux et à songer que l'on est en Afrique. Au départ de Timbi Madina vers Labé, capitale du Fouta Djalon, un orage nous surprend transformant très vite la piste en cours d'eau. Les chèvres s'abritent, se débattant souvent avec l'entrave qui les empêche de franchir les clôtures qui entourent les champs de pommes de terre, ou les parcelles d'oignons ou de tomates. Sortis de la zone de l'orage, la route de Labé à Pita mais surtout de Pita à Dalaba emprunte une ligne de crête avec de chaque côté de la route au-delà des vallées couvertes de forêts, un paysage de montagnes aux formes de tambours sur plusieurs plans successifs. Magnifique ! Pas étonnant que le Fouta Djalon continue de fasciner. On est presque déçus de redescendre si tôt de ces hauts plateaux, berceaux des fleuves Sénégal, Gambie et d'un des principaux affluents du Niger. Mamou est sans intérêt mais ouvre la route vers la Moyenne Guinée avec ses collines, ses champs de manioc, de patates douces et de termitières en forme de champignon, façon « caliméro ». On traverse Timbo, petite bourgade aujourd'hui et pourtant résidence du 1er Almamy, Karamoko Alpha Mö Timbo, chef suprême et religieux du peuple Peulh, depuis le lancement du djihad en 1725 et défait par les colons français en 1896. Le plateau de Kahel se trouve ici, entouré de collines boisées. Les cases rondes annoncent à l'approche de Kouroussa les concessions sahéliennes aux toits de chaume étagés, les premiers greniers à céréales et les troupeaux de zébus. La traversée du pont surplombant le fleuve Niger découvrant de larges bancs de sable ocre en cette fin de saison sèche est pleine d'émotion. On a l'impression d'un sas vers un autre monde : le Sahel. Kankan, capitale régionale et deuxième ville du pays, a des airs de ville fantôme, sous la pluie battante. Après une nuit à me battre contre les moustiques, la ville au petit matin grouille de pagnes et boubous colorés, de commerçants, installés au bas de nombreux bâtiments coloniaux rouillés construits dans un style soudano-sahélien ou colonial. La poussière se soulève dans les rues. Impression de far-west. Siguiri, un peu plus loin de l'autre côté du second pont qui enjambe le Niger est, elle, pour le coup, un poste avancé du commerce transfrontalier. Nous traversons un marché très coloré et achetons beignets et mangues. Des centaines de cases

se pressent le long du fleuve. Le passage de la frontière, la dernière fois passée quasiment les yeux fermés, est aujourd'hui une course d'obstacles : discussions/plaisanteries/tentatives en tous genres pour obtenir un billet, un coca… Il faut dire que cela doit amuser les douaniers de voir une Toubabou traverser à pied la frontière.
Avec Philippe Michaud, le directeur de l'AFD, nous avons visité de nombreux projets pendant cette mission : écoles, dispensaires, périmètres et canaux d'irrigation, magasins de stockage de la « Belle de Guinée », mutuelles de santé, jouant de questions/réponses pour encourager, aiguiller ou déjouer les discours convenus et les farceurs.

Mais, malgré l'enthousiasme de l'intéressée, les défis professionnels sont nombreux. Elle décrit par ailleurs sans complaisance une situation où « les fonctionnaires n'osent plus prendre la moindre décision sans ordre du président. Les ministres tour à tour rivalisent de discrétion ou au contraire de loyauté envers le président. On hésite entre le "sauve-qui-peut" et l'opportunisme car le président nomme et démet plusieurs fois par jour par décret. Lecture publique en est faite chaque soir à la télévision nationale par un militaire lors de ce que les Guinéens ont appelé le "Dadis show". Les élus ont rarement les compétences pour exercer leur poste mais qu'à cela ne tienne ! Il faut voir le ministre des Finances, le capitaine Sandé, venu couvert de *pins* à l'effigie du président accompagné de ses gardes du corps, prier pour un moratoire sur les échéances dues à l'AFD. Visiblement, il ne comprend rien à la mécanique et s'excuse d'en être là, quand dans le même temps le site Guinée News bruisse de l'achat d'un hélicoptère par le président. La directrice de la dette qui, la veille, venue nous voir à l'agence AFD, comprenait très bien tous les mécanismes, joue aux candides en présence du ministre-capitaine pour ne pas s'exposer… Ou les préfets et sous-préfets récemment nommés, débarquant souvent dans de nouvelles fonctions (pour la plupart, ils étaient militaires), terminant mécaniquement leurs discours par un “Vive le président Dadis Camara”. La population et les fonctionnaires répondent en chœur même s'ils sont parfois visiblement contraints. “Ne pas avoir d'ennuis et laisser passer la crise”, nous dit Moussa Para Diallo, le président de la Fédération des producteurs du Fouta Djalon, leader du monde paysan de Guinée, très charismatique mais depuis toujours indépendant de tout parti politique. “Car les contre-pouvoirs existent même s'ils restent discrets.” »

Après avoir exercé en faveur du développement rural depuis le siège de l'AFD, Didier Simon[8] a souhaité consigner par écrit deux témoignages qui offrent le double intérêt d'illustrer la diversité des secteurs d'intervention et de montrer quel type d'aventures les projets peuvent connaître dans leur instruction, par-delà le formalisme administratif. Le premier porte sur la rizipisciculture en Guinée :

> « En mai 2011, je venais d'achever l'instruction de l'un de mes projets favoris consistant à accompagner des agriculteurs pour qu'ils construisent à la main, sans subvention, des barrages de retenue d'eau, formant des étangs dans lesquels ils peuvent produire du riz et du poisson sans apport d'intrant. La note au conseil était terminée lorsque j'apprends par le chef du département que la direction générale a décidé de retirer le projet de l'ordre du jour du conseil de juillet. À tous les niveaux c'est l'incompréhension et chacun tente de faire revenir le directeur général, Dov Zérah, sur sa décision, sans y parvenir. À la sortie d'une rencontre avec le personnel, je retrouve le directeur général sur le trottoir devant la porte d'entrée de l'AFD, où il fumait une cigarette. Je l'aborde et lui indique que je suis consterné par sa décision de ne pas présenter cet excellent petit projet (3 millions

8. Docteur en économie, Didier Simon a consacré l'essentiel de sa carrière à l'agriculture. Le sujet de sa thèse de doctorat était « La stratégie de développement agricole de la France ». Il a travaillé à l'AFD de 1980 à 2015. Il dit volontiers qu'il a beaucoup aimé travailler en Guinée où il a instruit et suivi des projets de pisciculture (Guinée forestière), de riziculture (Guinée forestière et maritime) de culture du coton en moyenne Guinée (Kankan), de plantation d'hévéa (SOGUIPAH Guinée Forestière) de pêche artisanale et de surveillance des pêches en Guinée Maritime, ceci de 1990 à 1998 et de 2008 à 2012.

d'euros) de sécurité alimentaire. Il m'écoute et se retourne vers son adjoint, Didier Mercier, pour lui demander s'il est possible de réinscrire le projet à l'ordre du jour. Didier répond que rien ne s'y oppose et Dov Zerah de donner son feu vert. La morale de cette histoire est que parfois les retournements de situation tiennent à peu de chose : une cigarette sur le parvis de l'AFD. »

Son second témoignage porte sur la Mano River :

« Souhaitant donner une assise et une impulsion régionale au développement de la pisciculture, nous découvrons en 2009 l'existence d'une organisation régionale, la Mano River Union qui regroupe les pays riverains de la rivière Mano à savoir la Sierra Leone, la Guinée, le Liberia et la Côte d'Ivoire. Nous décidons avec Marc Oswald – alors président de l'Association pour le Développement rural en Afrique, pisciculture paysanne (APDRA) – et Marine Rétif (volontaire internationale à l'agence de Conakry), de rencontrer son représentant à Conakry et nous rendons à l'adresse indiquée par notre agence. Devant le portail fermé d'une villa, notre chauffeur se met à klaxonner pour que nous puissions entrer. (...) Finalement, le gardien nous ouvre. Nous entrons dans la villa et dans le salon/salle de réunion nous trouvons une quinzaine de femmes qui nous attendaient, très heureuses d'avoir la visite d'un bailleur de fonds bien connu en Guinée. Très vite nous nous rendons compte de notre méprise car nous étions dans les locaux de la *Mano River Women Peace Network* et toutes ces femmes pensaient que nous leur apportions des financements. Il nous a fallu déployer des trésors de diplomatie pour qu'elles comprennent et nous laissent partir. »

Ebola : l'AFD mobilisée durablement

Consécration d'une période de reconstruction du lien avec les institutions internationales, le pays figure parmi les pays pauvres prioritaires (PPP) pour l'aide française, lorsque cette catégorie est introduite par le Comité interministériel pour la coopération internationale et le développement (séance du 5 juin 2009). Mais, après la crise politique, la Guinée est durement touchée, pendant près de deux années, de décembre 2013 à septembre 2015, par une épidémie d'Ebola, qui a fait des centaines de morts. La gravité de la situation a motivé une visite du président de la République, François Hollande, premier dirigeant d'un pays de l'OCDE à se rendre dans l'un des pays du front de la fièvre hémorragique, avant de se rendre à un sommet de la Francophonie. Il n'y avait pas eu de voyage de ce niveau depuis celui de Jacques Chirac en 1999. Ceci a débloqué le financement français de l'Institut Pasteur, créé sous le nom « Pastoria[9] ».

Deux collègues, Pierre Salignon et Adrien Absolu[10], ont décrit la réponse à l'épidémie[11] :

> « La stratégie française de transition est importante puisqu'elle s'inscrit dans la volonté de renforcer durablement le système de santé de la Guinée. C'est la démarche dans laquelle l'AFD est engagée depuis octobre 2014 par le biais des financements qu'elle a su rapidement mobiliser ou réorienter. Conformément à son mandat de bailleur du développement, l'agence cible sur le long terme plus particulièrement le renforcement des capacités locales en matière de laboratoire et de diagnostic (en élargissant sur la formation du personnel et la surveillance sanitaire) et le renforcement des soins de santé primaire (et donc du système de santé). Agir contre Ebola, c'est déjà participer à la relance du système de santé.
>
> Les engagements de l'AFD recouvrent plusieurs actions soutenues par son agence en Guinée. (...) à la sortie de l'été 2014, l'AFD a débloqué avec l'accord des autorités guinéennes un financement de 5 Meuros (sur C2D) en faveur de la Croix

9. Kindia, « reliée à la capitale par une ligne de chemin de fer et une route, présente donc de nombreux avantages, et on comprend les multiples raisons qui ont déterminé le Dr Calmette à installer dans cette région le centre d'études biologiques des singes : Pastoria, annexe de l'Institut Pasteur de Paris. Cet établissement scientifique est situé à 7 kilomètres de la ville, sur un plateau peu élevé » (cf. Paul Rode, Assistant au Muséum, chargé de mission en AOF, Pastoria, Centre de recherches sur les singes en Guinée française, La Terre et la Vie, p. 110, 1936).

10. Qui a notamment consacré un livre à cet épisode, cf. bibliographie.

11. Pierre Salignon et Adrien Absolu, « L'action de l'État français en Guinée : envers et par-delà Ebola », *Humanitaire*, n° 40, 2015, p. 52-63.

Rouge Française. Ce dernier a permis l'ouverture du Centre de Traitement d'Ebola de Macenta. (...) Tout en maintenant les capacités d'accueil des malades Ebola, il s'agit de privilégier un dispositif plus mobile, souple, davantage orienté vers la communauté. L'AFD participe ainsi à l'adaptation de la réponse, pour mieux tenir compte de l'évolution de l'épidémie et de ses modes de contamination.

Le Programme d'appui à la santé (PASA) en Guinée (10 Meuros délégués par l'AFD à l'UE dans le cadre d'un financement global de 30 Meuros) a été lancé le 21 janvier 2015. (...) L'AFD et l'UE participent ainsi à la relance (hors urgence Ebola) des services de santé primaires, et au rétablissement, on l'espère, du lien de confiance avec les populations. L'AFD et l'UE ont décidé dans ce cadre de confier à l'Unicef une subvention de 4,5 Meuros afin d'appuyer l'approvisionnement en médicaments, l'adduction d'eau et l'électrification de structures de santé de base. En soutenant les comités de santé et d'hygiène publique (*via* un appel à contribution de 2,3 Meuros auprès d'ONG), le projet apportera également son appui à la gouvernance sanitaire et communautaire (fonctionnement, formation des leaders, matériel de prévention des infections). Une fonction d'alerte et de veille sera confiée à ces comités au plus proche du terrain.

L'AFD mobilise enfin plusieurs financements afin de renforcer les capacités de laboratoires en Guinée et dans la région. Le projet régional RESAOLAB + (réseau d'Afrique de l'Ouest des laboratoires d'analyse biomédicale) lancé en 2013 (par une subvention de 5 Meuros sur un budget global de 8 Meuros) vise à renforcer sur le long terme la formation de techniciens de laboratoires et de biologistes, la mise en place d'un système d'accréditation de la qualité des laboratoires, et la définition d'un paquet minimal d'activités en biologie médicale dans les structures de santé. La Guinée est un des sept pays bénéficiaires du projet (avec le Sénégal, le Togo, le Mali, le Niger, le Burkina, le Bénin). L'AFD participe ainsi, en lien avec la Fondation Mérieux, au renforcement dans les années à venir des ressources humaines et du cadre institutionnel. L'ouverture d'un futur Institut Pasteur de Guinée financé lui aussi par l'AFD (4 Meuros octroyés en octobre 2014 sur trois ans) participera à terme (en lien avec le projet RESAOLAB +) au renforcement des capacités de laboratoire et de diagnostic en Guinée (et dans la sous-région). (…)

Malgré les efforts déjà réalisés, (…) force est de constater la nécessité de renforcer la coordination sous l'égide du gouvernement guinéen des acteurs et bailleurs internationaux, et de s'assurer de la bonne articulation entre les activités qu'ils envisagent de soutenir en matière de la relance du système de santé. Car les initiatives sont multiples et la logique de l'offre pourrait l'emporter sur celle de la demande.

Il faut également noter les fortes inquiétudes exprimées par rapport à l'impact de l'épidémie sur la sécurité alimentaire. '890000 à 950000 personnes seront affectées par l'insécurité alimentaire en Guinée cette année 2015, et de ce nombre, 150000 à 210000 le seront à cause de l'épidémie Ebola', nous alertait (…) un représentant du PAM. Une attention particulière doit être portée par les autorités guinéennes et les bailleurs à cette situation à risque. Les épidémies de rougeole et de choléra en cours de développement en Afrique de l'Ouest méritent aussi de rester attentif. Au risque de venir encore dégrader la situation sanitaire déjà fragilisée. »

Enfin, les négociations pour la définition des secteurs d'affectation du C2D représentent une opportunité réelle afin d'agir sur les effets de l'épidémie Ebola dans les secteurs sociaux (santé, éducation, ou revenus des communautés), mais aussi dans l'agriculture. Ils citent David Nabarro, envoyé spécial du secrétaire général de l'ONU pour Ebola, qui ne cache pas la difficulté de la tâche[12] :

« La lutte contre Ebola coûte cher. Sur les 1,5 Md $ qui doivent être mobilisés par le système des Nations unies en 2015 pour mettre fin à cette épidémie, 600 M$ sont déjà disponibles grâce aux généreuses contributions des gouvernements, mais il reste encore 900 M $ à recueillir. Sachant que sur cette somme restante, nous considérons que 400 M$ sont nécessaires urgemment afin d'atteindre le stade de zéro cas. » Mais depuis le début de la crise en 2014, il est estimé que la mobilisation internationale (États, ONG, entreprises) atteindrait 3 Mds $. Autant dire une opportunité pour les pays affectés si cet argent

12. http://atelier.leparisien.fr/sites/3-milliards-contre-ebola/

est progressivement débloqué, puis décaissé, et correctement utilisé, pour répondre à des priorités rationnellement fixées. La France et l'AFD, aux côtés des financements des autres bailleurs, participent à leur manière à la réponse internationale contre Ebola et ses effets plus durables. »

Du côté de la coopération française, plus de vingt ans de réformes

Une série de réflexions aboutit en 1999 à une conception de l'aide resserrée autour de deux pôles, l'un diplomatique, avec la création à Paris d'une Direction générale de la Coopération internationale et du développement (DGCID), l'autre économique et financier autour du ministère des Finances. La notion de « champ » disparaît pour celle de « zone de solidarité prioritaire », où la Guinée est inscrite d'emblée. Rebaptisée Agence française de développement (AFD), la Caisse devient « opérateur-pivot », l'essentiel des projets de programmes d'aide au développement ayant désormais vocation à lui être confiés, ce qui concerne principalement les anciennes activités de l'ex-ministère de la Coopération. La DGCID doit à terme limiter sa compétence opérationnelle au domaine régalien et aux appuis institutionnels, et le transfert des nouveaux secteurs à l'AFD commence avec les infrastructures sociales, au cœur des OMD. En outre, le déliement de l'aide, décidé dans le cadre de l'OCDE en 2001, permet d'envisager des financements décidés davantage en termes d'impact de développement que de retour commercial.

En 2006, l'entrée en vigueur de la nouvelle loi organique portant sur les lois de finances (LOLF) réforme en profondeur la gestion publique en y transposant certains outils du secteur privé. Le pilotage stratégique de l'aide se renforce avec la mise en place de cadrages géographiques et sectoriels. Le budget, désormais organisé en missions, programmes et actions, permet un suivi des priorités. Une vision consolidée est rendue possible par un document de politique transversale (DPT) qui recense les programmes des nombreux ministères qui concourent à la politique d'aide. Une mission unique regroupe les actions des deux principaux ministères concernés, les Affaires étrangères et les Finances, et leurs crédits sont présentés au Parlement par le secrétaire d'État / ministre délégué chargé de la coopération.

À la DGCID succède en 2009 une direction augmentée de compétences économiques, la Direction générale de la mondialisation et des partenariats (DGMP), qui intègre d'autres services pour se donner les moyens de jouer son rôle de conception stratégique d'une réponse globale à l'ensemble des enjeux liés à la mondialisation. La DGMP reprend le processus de transfert des activités opérationnelles du ministère des Affaires étrangères à l'AFD, qui reçoit alors progressivement, au cours des années qui suivent, notamment celles de cofinancement des initiatives des ONG (2009) et l'intervention dans les secteurs régaliens (décembre 2016).

Un nouveau mode de relation avec l'État est introduit en 2009, avec l'établissement de contrats d'objectifs et de moyens. L'aide se différencie de plus en plus selon quatre logiques. Aux côtés de l'aide aux pays les plus pauvres, trois politiques s'affirment : la prévention et le traitement des crises, l'appui aux négociations multilatérales (expertise pour participer aux négociations et appliquer les divers accords de la communauté internationale, aide comme incitation à y souscrire) et la diplomatie économique. Cette évolution est de nature à renforcer la contribution du pôle diplomatique.

L'AFD s'est progressivement mondialisée, sous l'effet d'un redécoupage des compétences entre les ministères compétents et l'Agence. Une profonde reconfiguration intervient en 2015, avec le rapprochement, annoncé par le président de la République, de l'AFD avec la Caisse des Dépôts et Consignations, à la hauteur de nouvelles ambitions de diplomatie globale. Cette nouvelle relation avec la Caisse des Dépôts la rapproche aussi davantage des régions, qui sont une maille importante dans la mise en œuvre d'objectifs de développement durable, dont désormais la portée est mondiale. Le nouveau défi consiste à conjuguer deux familles d'action publique, celle du réseau de la CDC dans les régions de France et celle des agences de l'AFD, pour mettre en place des processus d'apprentissage favorables à revitaliser l'équation du développement durable.

Tableau 6 : Schéma synoptique de l'aide française en 2018

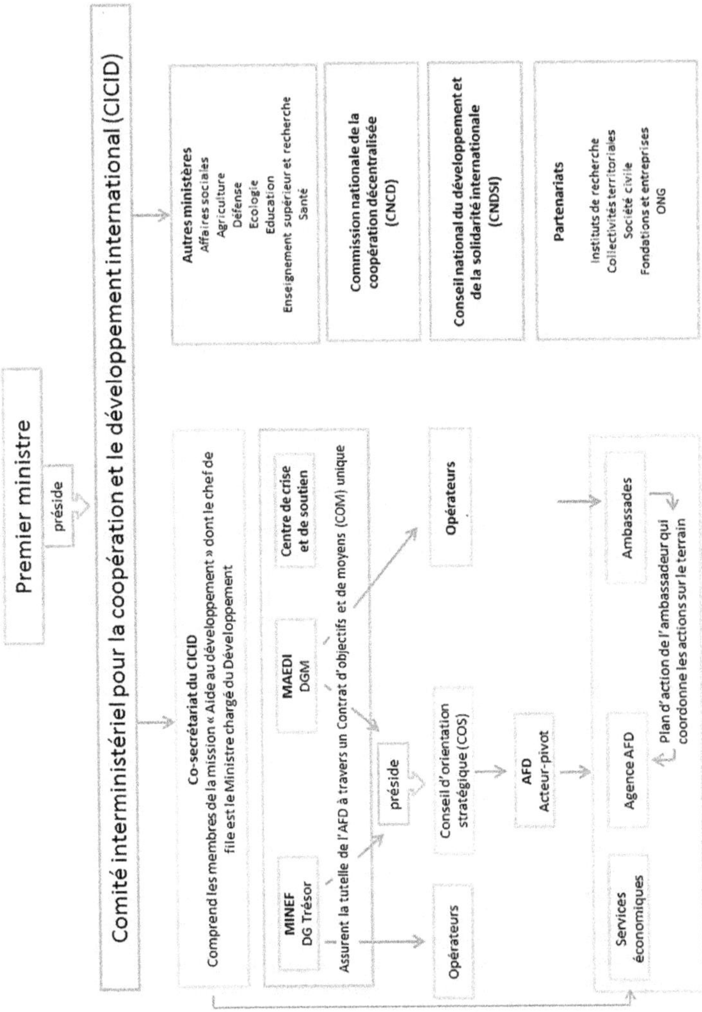

Source : https://www.diplomatie.gouv.fr/IMG/jpg/2_cle41d1c6-1_dispositif_institutionnel_en_matiere_d_aide.jpg

Un partenariat durable

La Guinée a achevé, avec le concours notamment de l'Union européenne, des États-Unis et de la France, une transition politique (débutée avec l'élection présidentielle de 2010) avec la tenue, le 28 septembre 2013, d'élections législatives, « libres, transparentes et inclusives », permettant la formation de l'Assemblée nationale le 13 janvier 2014, et l'élection présidentielle d'octobre 2015 qui a vu la réélection du président sortant, Alpha Condé, dès le premier tour et sans réactions ou manifestations violentes. La transition politique a permis l'obtention par le pays d'une Facilité de crédit élargie du FMI en 2011, l'annulation en Club de Paris de 356 M$ et le rééchelonnement de 305 M$ de dette guinéenne fin 2012.

La Guinée reste un pays contrasté encore vulnérable, dont il faut soutenir les efforts de redressement. Les réformes structurelles engagées et les mesures indispensables pour assainir les finances publiques et réformer l'administration publique ont été prises mais l'épidémie à virus Ebola a freiné ces réformes et, surtout, a largement détérioré les différents indicateurs économiques. Avant l'épidémie, les perspectives économiques de la Guinée étaient jugées, notamment par le FMI, particulièrement favorables pour les années à venir et devaient lui permettre, si la gestion de la dette restait prudente, un endettement soutenable. Mais le contexte sanitaire et ses conséquences ont exercé leur tribut sur la croissance – nulle en 2014 et seulement en légère reprise en 2015. Aux conséquences économiques de la crise sanitaire se sont ajoutées les difficultés dans le secteur minier, principal secteur exportateur du pays. La faiblesse persistante des cours du fer s'est traduite par un gel de plusieurs investissements miniers (notamment le projet emblématique de Simandou), contribuant au ralentissement de l'activité.

La France et la Guinée ont retenu quatre grandes orientations stratégiques sur la période 2014-2016 : la gouvernance démocratique, l'éducation, l'agriculture et le développement rural, et l'énergie.

Élaboré en 1998, le Programme d'appui aux communautés villageoises (PACV) est un exemple de croisement de ces priorités, comme de l'action coordonnée des bailleurs de fonds. Mis en œuvre par le gouvernement avec l'aide de l'AFD (27 M€) et l'appui de la Banque mondiale et du Fonds international de développement agricole, déployé en 3 phases, le projet a pour but d'aider les communes rurales à identifier leurs priorités, élaborer un plan de développement local, financer et assurer la maitrise d'ouvrage des infrastructures, gérer et améliorer les services rendus aux citoyens et à utiliser leurs ressources de manière transparente. La phase d'initiation du PACV, qui s'étend sur la période 2000-2009, a couvert la moitié des communes rurales et financé leurs plans annuels d'investissement. Cela correspond à plus de mille microprojets dans des domaines aussi variés que l'éducation, la santé, l'hydraulique villageoise ou encore l'agriculture. La phase d'extension du programme (2009-2014) a permis d'élargir la couverture des 303 communes rurales. Enfin, la phase de consolidation du PACV (2015-2018) avait pour objectif de préparer l'institutionnalisation du dispositif. Fin 2018, l'AFD a octroyé un nouveau financement de 10 M€, sur ressources du C2D, pour accompagner la montée en charge de la nouvelle Agence nationale de financement des collectivités locales, en charge du renforcement de capacité des collectivités locales et du financement de leurs investissements à travers le Fonds national de développement local.

Le premier C2D signé en 2013 entre la France et la Guinée, qui constitue la première tranche des efforts additionnels d'allègement de dette consentis par la France pour la période allant du 31 mai 2013 au 31 décembre 2016, a retenu les secteurs suivants: développement rural, développement local et décentralisation, enseignement pré-universitaire, formation professionnelle et santé.

À la fin de la décennie, l'AFD est un des principaux bailleurs de fonds du pays, où elle déploie une large palette d'outils d'intervention, des subventions (notamment dans le cadre du C2D depuis 2013), financements des ONG, prêts souverains, garanties, etc. La Guinée, avec une population estimée à 12,5 millions d'habitants et un PIB par habitant de 700 $, fait partie des 19 Pays Pauvres Prioritaires pour l'aide au développement de la France.

Photo 10 : L'agence de Conakry
autour du directeur général en 2017.

De gauche à droite : Mamadou Saliou Diallo, Fassou Doré, Saliou Diallo, Bénédicte Brusset, Rémy Rioux, Adam Nana, Simon Bouteloup (VI), Ibrahima Diogo Fiallo, Patricia Aubras, Guillaume Arthaud (VI), Moussa Doumbouya, Yazid Benzaïd*, Safia Ibrahim-Otokoré*, Malick Keita
(* = accompagne le directeur général)

L'AFD a progressivement diversifié ses modalités d'interventions en Guinée, et, en prenant en compte les appuis au secteur privé (Proparco), le groupe intervient dans une large palette de secteurs :

- L'agriculture et le développement rural, avec des appuis aux filières rizicole, piscicole, arachide et plus récemment avicole.
- L'éducation, avec des interventions tant au niveau de l'éducation primaire que de la formation professionnelle et l'insertion des jeunes.
- La santé, à travers la création de l'Institut Pasteur de Guinée et l'appui aux laboratoires régionaux.

- L'eau, avec des interventions sur Conakry et dans les villes de l'intérieur.
- L'énergie, avec des projets de distribution, de transport et de production électrique.
- Le développement urbain, avec des appuis envisagés à Conakry sur le transport ferroviaire de passagers et la gestion des déchets.
- La gouvernance financière et la justice.
- L'appui à des initiatives d'ONG dans différents secteurs : développement rural, protection de l'environnement, santé, éducation primaire, protection des droits de l'homme et structuration de la société civile.
- La microfinance, avec la création et l'accompagnement pendant 30 ans du Crédit Rural de Guinée.
- Et le secteur privé, avec des prêts aux entreprises, des prises de participation et des garanties, notamment en faveur des PME locales grâce au dispositif ARIZ/EURIZ.

Lors de la réunion du groupe consultatif de novembre 2017 à Paris, la France s'est engagée à contribuer au Plan national de développement économique et social de la Guinée à hauteur de 501 M€, dont 477 M€ via l'AFD, sur la période 2016-2020. Ainsi, les engagements financiers du Groupe AFD, qui étaient d'environ 10 M€ dans les années 2000, ont considérablement progressé pour dépasser 100 M€ par an (y compris en 2020, où la pandémie de COVID19 a pesé sur l'activité de tous), avec un record historique de près de 140 M€ en 2019.

Ces engagements conséquents restent cependant à traduire en réalisations concrètes sur le terrain, avec une amélioration durable des conditions de vie des populations. C'est désormais le principal enjeu pour l'agence AFD de Conakry et il ne sera réalisable que grâce à l'implication continue des maîtrises d'ouvrages guinéennes en charge de la mise en œuvre des projets et à une gouvernance permettant de pérenniser tous les investissements consentis.

Tableau 7 : Engagements 2009-2019 du Groupe AFD en Guinée

Autorisations (M€)	2009	2010	2011	2012	2013	2014	2015	2016	2017	2018	2019
Prêts	–	–	–	–	–	–	–	30	30	50	40
Dons	0,9	1,5	10,7	9	14,1	5	10,7	38,9	1,4	13	57,5
– Délégations UE	–	–	–	–	1,7	–	–	20	–	–	25,2
– ONG + FICOL	0,5	1	1,8	1	2,4	–	3,2	1	1,4	1	2,8
C2D	–	–	–	–	14	46	–	15	21,5	43,2	19,5
Aides Budgétaires	–	–	–	5	–	–			5	5	
Garanties PME	0,4	1,1	3,1	–	3,9	7,5	2,6	10,4	8,4	4	7,5
Secteur privé	–	–	–	–	0,9	3	–	0,2	–	22	15
Total (M€)	1,3	2,6	13,8	14	32,9	61,5	13,3	94,5	66,2	137,2	139,5

Le réseau de l'AFD est considéré comme un élément essentiel de la valeur ajoutée de l'Agence. Son maillage et la qualité des équipes ont permis à l'institution de déployer son activité, investir de nouvelles thématiques et créer un dialogue de haut niveau et de proximité avec ses partenaires locaux. C'est une approche qui a été adoptée également par plusieurs autres bailleurs de fonds, multilatéraux, avec le PNUD et la Banque mondiale, ainsi que la Commission européenne, bilatéraux, avec la Deutsche Gesellschaft für Internationale Zusammenarbeit (GIZ, Allemagne, depuis 1980), Enabel (Belgique, depuis 2015), JICA (Japon, depuis 2018), l'Agence turque de coopération et de coordination TIKA (depuis 2016), etc.

Le CEFEB (rebaptisé Campus AFD en 2019) y a bien contribué : 260 Guinéens[13] ont suivi ses formations, avec une concentration assez forte : 47,5 % émanant de quatre bénéficiaires principaux, la Banque centrale de la République de Guinée, le Crédit Rural de Guinée SA, Électricité de Guinée et la Société des Eaux de Guinée, les autres se répartissant parmi environ 80 institutions. Il compte notamment parmi ses anciens stagiaires deux Premiers ministres, Cellou Dalein Diallo (2004-2006) et Ibrahima Kassory Fofana (depuis 2018).

En 2016, la nouvelle trajectoire de croissance définie par les autorités politiques, qui prévoit un doublement des engagements en 2020, impose d'adapter cette organisation pour une plus grande réactivité. Depuis 2018, des directions régionales (DR) viennent s'ajouter aux 85 agences de l'AFD sur le terrain. Ainsi, l'agence de Conakry fait partie de la Direction régionale du Golfe de Guinée, basée à Abidjan. Cette approche répond à deux grands objectifs : 1) déconcentrer la prise de décision et mutualiser les ressources en pensant l'organisation et l'allocation des moyens à l'échelle régionale. Les agences peuvent ainsi être recentrées sur leurs missions d'identification et suivi des projets, au contact des partenaires et au plus proche du terrain, en ayant la possibilité de recourir à une plateforme régionale de services ; 2) construire des visions stratégiques plus structurées

13. De l'origine à 2018.

à l'échelon régional, et élaborer des solutions régionales pour répondre à des enjeux à cette échelle (changement climatique, biodiversité, corridors énergétiques, migrations, etc…).

L'intégration d'Expertise France à partir de 2021 et la volonté de renforcer les synergies de groupe avec Proparco sont des motivations complémentaires pour cette évolution du réseau. L'agence aura désormais pour mission de s'assurer que l'ensemble des outils du groupe sont mobilisés pour apporter des solutions de financement, d'expertise et d'appui à ses partenaires guinéens.

Conclusion

L'histoire de la politique d'aide au développement procède de multiples facteurs. Comprendre ses pratiques actuelles sur le terrain mobilise de nombreuses références, tantôt théoriques, stratégiques, ou encore juridiques, tantôt découlant des interactions entre donateurs et bénéficiaires, ou entre les donateurs, réunis dans divers forums ou sur leurs terrains. Ce livre permet d'évoquer ces déterminants multiples de l'action de l'AFD en Guinée, et par la même occasion de mieux saisir les logiques qui peuvent animer d'autres bailleurs de fonds.

Raconter l'histoire de l'aide française en Guinée révèle la situation singulière d'un pays qui s'est trouvé sur les frontières de la guerre froide. De fait, la Guinée a bénéficié de contributions de nombreux pays des deux blocs, sans doute difficiles à ordonner, étant donné ce que cela mobilise en termes de capacité institutionnelle. À cela s'ajoute la difficulté de saisir un dispositif français très évolutif. Du côté des institutions guinéennes, la complexité n'est pas moins grande que du côté des divers systèmes d'aide avec lesquels elle est en relation. Si l'histoire de l'APD est abondamment documentée par de nombreuses sources, produites justement pour faciliter la coopération, l'histoire des acteurs locaux reste à écrire. Compte tenu d'un accès limité aux archives, ce document a permis de mettre en lumière les évolutions essentielles. Des ressources complémentaires permettront d'engager une histoire qui intégrerait davantage les dimensions sectorielles et de faire plus de place aux trajectoires personnelles, utiles pour saisir la sociologie de ce monde en devenir.

Photo 11 : Le Maire de Samoe
(Partenaire du programme d'appui aux communautés village) 2016
© Photo Bénédicte Brusset.

Après deux monographies sur l'AFD dans ses pays d'intervention (Côte d'Ivoire, Haïti), ce livre aborde la question de l'attitude à tenir en situation de crise politique. Le débat est ouvert, dès 1958, par André Postel-Vinay (dans la correspondance reproduite en fin de volume). Le directeur général montre combien les intérêts français pourraient se trouver affectés par un retrait, et il fait reposer son argumentaire notamment sur le fait que le vide laissé sera aisément « comblé par l'intervention d'autres puissances ». Ceci révèle deux enseignements. À l'origine, l'aide est pensée autant comme un auxiliaire des intérêts français que comme un vecteur de changement dans la situation de pauvreté de la population guinéenne, c'est une des forces de l'argumentaire, qui en appelle à la responsabilité face à cette population. Autre enseignement, alors que cette politique est encore balbutiante, l'hypothèse de l'aide d'autres puissances paraît risquée (d'autant plus que la situation est sans précédent), et elle se trouve pourtant vérifiée. C'est pourquoi, lorsqu'il s'agira plus tard de sanctionner d'autres pays par le retrait de l'aide (pour des raisons politiques), la démarche sera collective[1]. La vérification empirique de cette hypothèse, avec les recherches de Lisa Chauvet[2], nuance cette intuition d'André Postel-Vinay, sans complètement la démentir : cela dépend des pays en développement concernés, comme des pays donateurs eux-mêmes. La question est délicate : qui est vraiment touché par une sanction unilatérale ? Une fois administrée, comment et dans quels termes s'effectue la reprise de relations normalisées ?

Ce livre contribue au débat par le récit qu'il reconstitue d'une situation concrète et de ses éléments de contexte. Il montre les activités d'une diplomatie du « faire ensemble », et le sens qu'elles prennent pour les agents de l'établissement, dont certains ont pris la plume pour compléter ce travail (sans toutefois en avoir pris connaissance au préalable). L'aide au développement en général, les financements de l'AFD en particulier, se déploient selon une politique d'amitié, souvent alignée sur la politique nationale. Ainsi, les politiques peuvent-elles être taillées d'un seul bloc ? Dans quel ordre la distance ou la froideur doit-elle s'exprimer ? Qui doivent-elles toucher d'abord ? Le temps de l'histoire permet de réduire les hauts et les bas d'une relation bilatérale à des accidents promptement compensés par d'autres, tandis que renouer le fil peut être difficile.

L'ambition de ce livre est de rendre intelligibles les grandes évolutions d'une relation à multiples facettes. S'y ajoute, à un autre degré, au détour de cette histoire concentrée sur l'AFD, la préoccupation de montrer comment la politique d'aide intervient selon des échelles imbriquées. Elle est tissée d'aventures individuelles, de relations entre personnes, entreprises ou territoires. Ces relations construisent ensemble un édifice qui va de

1. Cf. l'histoire de l'AFD en Haïti, où le cas s'est présenté par deux fois, ainsi que l'adoption de l'article 96 dans le partenariat de l'Union européenne et des ACP.
2. Notamment : Lisa Chauvet, « Allocation de l'aide internationale et instabilités sociopolitiques », *Revue économique*, vol. 53, 2002, p. 545-556.

l'interpersonnel aux politiques nationales en passant par le local et le microéconomique, le régional, le macroéconomique. La Guinée illustre les difficultés de l'économie de l'aide, qui apparaît ici comme une relation qui change constamment de niveau et de fonction. Selon les périodes, priment tantôt les considérations politiques, tantôt les logiques économiques, tantôt les stratégies sectorielles, ou encore les approches « professionnelles » d'un monde de l'aide au développement qui est de plus en plus prégnant dans la détermination des politiques. Toute cette complexité se trouve plus ou moins bien coordonnée selon les pays.

Après la conférence d'Addis-Abeba en 2015, l'adoption des objectifs de développement durable, et la conférence de Paris sur le climat, s'ouvre le temps d'un investissement pour le développement durable, qui implique désormais, au sein d'un ensemble cohérent et mobilisateur d'objectifs, des acteurs de toute nature. L'histoire modeste de l'AFD en Guinée permet d'observer comment s'y constituent, avec les divers types de relations qu'elle établit, le socle d'une plateforme, nouvelle forme d'institution dans les relations internationales, faite de multiples liens, tissés et suivis dans la durée, par l'implication de personnes et d'institutions. Ce qui s'y joue est souvent très fort, puisque les vies de personnes peuvent dépendre de l'aide, et aussi très ténu, puisqu'il s'agit d'une somme d'activités simples. Pourtant, n'est-ce pas ce qui constitue le ciment précieux qui permet à l'action collective internationale d'envisager ses plus grands défis ?

Chronologie succincte

1853	Création de la banque du Sénégal
1941	Création de la Caisse centrale de la France libre (CCFL)
1942	Extension à l'Afrique Occidentale française de la compétence de la CCFL
1944	Conférence de Brazzaville (30 janvier-6 février)
1946	Loi fondant les activités de développement de la Caisse centrale de la France d'Outre-Mer (création de filiales, financements par prêts, FIDES)
1950	Création d'Énergie électrique de Guinée (EEG)
1952	Création de la Société immobilière de Guinée
1955	Création du Crédit de Guinée
1958	Indépendance (le 2 octobre)
1960	Reconnaissance de la Guinée par la France (2 janvier) Création du franc guinéen et sortie de la zone franc L'aide française à la Guinée est suspendue
1963	La Guinée devient le 100e membre de la BIRD (28 septembre)
1965	Rupture des relations diplomatiques avec la France
1966	Premier prêt de la Banque mondiale pour l'appui à l'ingénierie du projet de Boké (mars)
1969	Adhésion à l'AID du groupe de la Banque mondiale (septembre)

1972	Remplacement du franc guinéen par le syli (un syli est divisé en cent cauris).
1977	Visite à Conakry de Robert McNamara, président de la Banque mondiale
1978	La CCCE est autorisée à reprendre ses activités en Guinée
1979	Ouverture de l'agence CCCE
1980	Signature de la deuxième convention de Lomé – adhésion de la Guinée
1982	Adhésion à la SFI du groupe de la Banque mondiale
1984	Mort de Sékou Touré Lansana Conté lui succède IIe République Adhésion de la Guinée au groupe ACP
1985/1986	(décembre-janvier) réforme monétaire ; le franc guinéen remplace le Syli
1985	Accord de coopération militaire technique (7 avril 1985, approuvé le 18 novembre 1987).
1986	Signature d'un accord de confirmation avec le FMI (février)
1987	Premier groupe consultatif sur la Guinée à Paris (18 mars)
1998	Groupe consultatif sur la Guinée à Paris (26 juin) en présence de 10 gouvernements et 16 bailleurs de fonds
2000	Éligibilité à l'Initiative PPTE (décembre)
2008	Mort de Lansana Conté Moussa Dadis Camara lui succède
2010	Sékouba Konaté puis Alpha Condé
2012	Point d'achèvement de l'Initiative PPTE
2017	Groupe consultatif à Paris (novembre)

Les directeurs généraux de l'AFD

Année	Noms
décembre 1941 à novembre 1942	André DIETHELM*
novembre 1942 à février 1944	Pierre DENIS
1944 à 1972	André POSTEL-VINAY*
1972 à 1979	Claude PANOUILLOT*
1979 à 1989	Yves ROLAND-BILLECART*
1989 à 1995	Philippe JURGENSEN*
avril 1995 à avril 2001	Antoine POUILLIEUTE
avril 2001 à Mai 2010	Jean-Michel SEVERINO*
juin 2010 à juin 2013	Dov ZERAH
juin 2013	Anne PAUGAM*
juin 2016	Rémy RIOUX

* pour des précisions sur leur parcours, cf. Fabien Cardoni, Nathalie Carré de Malberg et Michel Margairaz (dir.), *Dictionnaire historique des Inspecteurs des Finances : 1801-2009*, Comité pour l'histoire économique et financière de la France / IGPDE, 2012.

Liste des directrices-directeurs d'agence

Année	Noms
juin à novembre 1957	Yves Jaffrezic
1957-1959	Jacques Brisac Adjoint : Claude Roquefort Villeneuve (Jacques Silvain directeur de l'Institut d'émission puis de la Banque centrale de l'Afrique de l'Ouest)
1979	Maurice Mazetier
mai 1982-1985	Olivier Richet[1]
1985-1988	Guy Lecamus
1990-1994	Bernard Chartois
1994-1997	François Peyredieu du Charlat
1997-2000	Laurent Fontaine
2000-2002	Jean-Marc Gravellini
2002-2005	Yves Boudot
2005-2008	Marc Dubernet
2008-2012	Philippe Michaud
2012-2015	Yazid Bensaïd
2015-2019	Patricia Aubras
2019	Olivier Pannetier

1. Ce héros de la Seconde Guerre mondiale (quatre fois arrêté, déporté, il a été décoré de la Croix de Guerre, la médaille de la Résistance, la *medal of Freedom* et il a été Commandeur de la Légion d'honneur) a effectué l'intérim de la direction de la Caisse centrale et de l'Office des Changes de la Guinée à Conakry du 9/08/1958 au 15/11/1958. Affecté de nouveau en tant que directeur, il semble qu'il ait omis d'évoquer cette période dans son curriculum vitae. Pour lui, à son âge, une mission de quelques mois ne lui paraissait même pas devoir être mentionnée dans son long parcours, mais apparemment, l'administration guinéenne en a retrouvé la trace et y aurait vu une volonté de dissimulation qui serait restée comme une ombre (témoignage d'Yves Malpel).

Annexe : Données

Part des donateurs bilatéraux dans l'APD bilatérale nette depuis 1960 (en % du total)

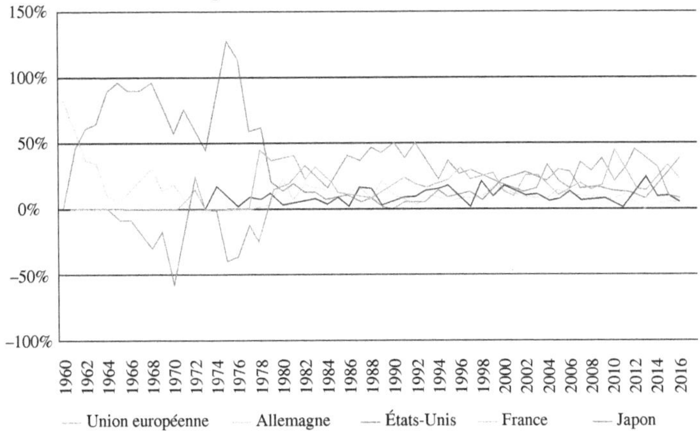

Source : Banque mondiale, mise en forme de l'auteur.

Du fait des remboursements d'échéances des prêts relatifs à des opérations précédant l'indépendance, en général en faveur du secteur privé, la part de l'aide française apparaît négative en début de période.

APD nette reçue par la Guinée depuis la reprise de l'activité de la Caisse centrale (en % du total, et courbes de tendance)

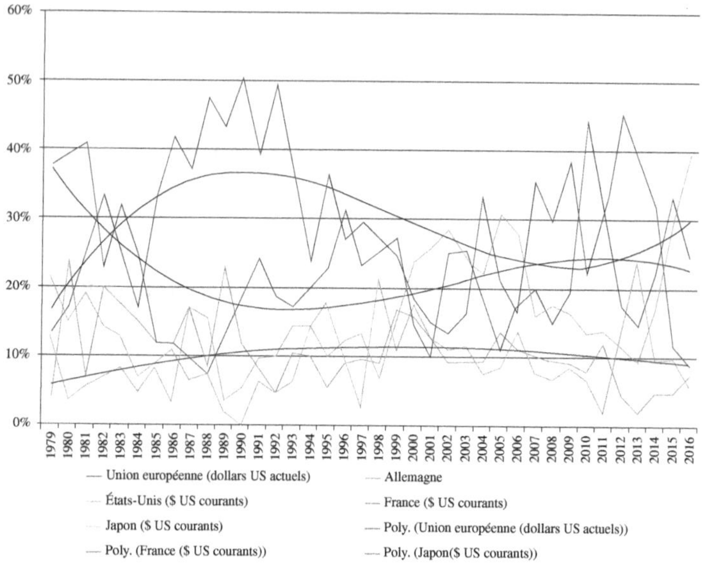

Source : Banque mondiale, mise en forme de l'auteur.

Compléments

Extrait des mémoires d'André Postel-Vinay[1]

Le référendum de septembre 1958 et ses conséquences en Guinée

Q : J'aurais voulu que nous revenions au moment de la décision d'appliquer le référendum sur la Ve République à l'indépendance des territoires. [...] Est-ce que vous pensiez que le « non » de la Guinée était prévisible ?

R : Je pense que oui, parce que je connaissais bien Sékou Touré, de même que ma sœur et mon beau-frère Lefaucheux. Nous avions dîné avec lui une fois chez ma sœur et mon beau-frère. À cette occasion, nous avions eu une conversation avec lui où, d'ailleurs, il avait parlé presque tout le temps tout seul, et ce jusqu'à minuit. Il était extrêmement passionné et je crois que, déjà un certain temps avant le vote de ce référendum, il était prévisible qu'il ferait voter « non » en Guinée.

Q : Son influence en Guinée était très importante ?

R : Son influence en Guinée était très importante, mais elle allait dans le sens d'un courant tout à fait naturel. Il y aurait eu d'autres chefs d'État ou de gouvernement aussi énergiques

---

1. André Postel-Vinay exerça à la Caisse centrale de 1942 à 1973, il en devint le directeur général en 1944. Des extraits de ses mémoires concernant le développement ont été réunis sous le titre : *La passion du développement. 32 ans de Caisse centrale*, éditions AFD, 2019 ; les documents reproduits ici correspondant aux pages 199 à 202 de ce livre.

et passionnés dans d'autres pays, il est probable que la Guinée n'aurait pas été le seul pays à voter dans ce sens-là. Les étudiants qui étaient ici étaient, en très forte proportion, partisans de l'indépendance de leur pays. Quand ils revenaient dans leur pays, ils exerçaient cette influence de la même façon, et il y avait tout le courant général d'évolution de l'Afrique qui portait dans la même direction. Sékou Touré était plus passionné et avait plus de force de caractère.

Q : Que pensiez-vous du projet de la Communauté ? Pensiez-vous que c'était une transition… ?

R : Oui, il me paraissait tout à fait clair que c'était artificiel et que cela craquerait. C'était des espèces de combat d'arrière-garde, mais qui venaient peut-être d'une espèce de nécessité politique en France, parce que le général de Gaulle n'avait pas seulement à tenir compte de ses propres idées sur l'Afrique : il avait à tenir compte des forces qui s'exerçaient en France, ainsi que d'un problème algérien terrible en lien avec la façon dont il agissait en Afrique Noire qui était bien évidemment surveillée. Par conséquent, dans une période qui restait très dangereuse pour le gouvernement français – et les événements l'ont bien montré, sans parler des risques que le général de Gaulle courait lui-même, ayant été l'objet de maintes tentatives d'assassinat, dont deux ou trois ont été bien près de réussir. Enfin, il n'avait aucune crainte pour lui-même bien sûr, mais le risque d'un coup d'État politique en France est longtemps resté très réel. Le Général ne pouvait pas faire abstraction de ces problèmes dans la politique qu'il suivait en Afrique Noire et, si l'on voyait les choses en faisant abstraction de ce contexte politique français, très grave et dangereux, on ne pouvait pas ne pas se dire que l'Afrique Noire évoluerait vers l'indépendance et que la Communauté n'était en fait qu'une étape. Il est tout à fait probable que le général de Gaulle a pensé cela également. […]

Q : Est-ce que la Caisse centrale a cessé assez rapidement toute intervention en Guinée ?

R : La Caisse centrale s'est maintenue en Guinée le plus longtemps qu'elle a pu, dans l'espoir que, dans cette première période, un rapprochement se ferait. Nous avons eu longtemps encore un directeur, qui a fini par échapper de justesse à l'arrestation. Il connaissait très bien son métier sur le plan professionnel, mais il avait la langue trop longue et ne se rendait pas compte que, dans un pays qui avait sombré dans un régime policier extrême, on ne peut pas, même chez soi, dire à aucun moment ce que l'on pense ou quelque chose qui, avec beaucoup de diplomatie, ressemble à ce que l'on pense, et il faut reconnaître que c'est fatigant de ne pas commettre cette imprudence, quand on est en tête-à-tête avec un ami tout à fait sûr.

Q : Mais cette hostilité entre les gouvernements français et guinéen n'avait pas empêché la signature d'accords économiques ?

R : Ma mémoire est peut-être là en défaut, mais pensez-vous qu'il y ait eu des accords économiques entre les deux gouvernements, et ce après l'accession à l'indépendance de la Guinée ?

Q : J'ai recensé quelques accords dans les années 1960 : un premier accord en décembre 1960, où la France ouvre un compte courant de la Banque de Guinée auprès de la Banque de France ; trois accords en mai 1963, portant sur (i) le contentieux financier et les relations de trésorerie, (ii) les relations commerciales, et (iii) la coopération.

R : Oui, il y a eu effectivement des périodes de réchauffement où, par exemple, le ministre des Finances de Guinée a dû venir à Paris. On a eu, à certains moments, le sentiment que la situation se normalisait. Mais en fait, ce furent des normalisations tout à fait provisoires, sauf ces quelques moments de recollage temporaire. Dans l'ensemble, les relations ont été tout à fait mauvaises. Si j'ai bonne mémoire, du côté de la société Pechiney, la position assez « humoristique » et non déraisonnable consistait à dire qu'elle ne tenait pas tellement à ce que les relations se recollent, parce que les dirigeants étaient certains que celles-ci, après le recollage, allaient de nouveau craquer, ce qui pouvait redevenir une source de tension considérable. Dans ces conditions, mieux valait ne pas bouger par rapport à une rupture définitive ; en tout cas, pour leurs activités, c'était peut-être la situation la moins mauvaise.

Réflexions sur la politique française en Guinée
(Extraits d'une note remise au général de Gaulle. En marge, mention manuscrite signée : « 27 octobre 1958 : j'ai fait porter cette note au général de Gaulle après une conversation orageuse que j'avais eue avec lui sur le même sujet. »)

Si nous maintenons la politique rigoureuse appliquée à la Guinée, depuis le référendum, nous risquons d'être accusés d'avoir voulu paralyser l'indépendance guinéenne, après l'avoir officiellement admise. Nous risquons aussi d'apparaître comme des adversaires résolus de l'indépendance africaine, alors que toutes les anciennes colonies d'Afrique vont probablement devenir indépendantes au cours des prochaines années. Notre politique guinéenne peut donc porter un préjudice grave à l'influence française dans les pays d'outre-mer.

Ces dangers se trouveraient écartés ou réduits, si notre rigueur envers la Guinée pouvait provoquer l'éviction de Sékou Touré ou l'obliger à se soumettre à toutes les conditions que poserait la France pour une reconnaissance de son gouvernement. Mais ces hypothèses semblent très optimistes. La population guinéenne est encore trop pauvre, dans son ensemble, pour souffrir beaucoup d'une régression de l'activité économique. Elle est aussi trop démunie pour découvrir l'origine de ses maux. Ce n'est sans doute pas contre Sékou Touré qu'elle se dressera, si elle commence à souffrir. Ce sera contre les blancs. Ceux-ci pourraient désormais se trouver assez vite en péril, par suite d'une insuffisance du ravitaillement ou de tout autre incident, né du désordre des services et des institutions.

Quant à Sékou Touré, il n'est pas même exclu que notre rigueur ne facilite sa carrière. En lui donnant le rôle exclusif de héros de l'indépendance en Afrique française, nous nous exposons à le porter nous-mêmes au premier rang des hommes politiques africains.

La tâche de notre adversaire serait d'ailleurs bien simplifiée s'il obtenait une aide étrangère. Or, cette aide peut être offerte assez vite. Dans la conjoncture générale actuelle, il paraît à peu près inévitable que le vide laissé par la France en Guinée se trouve bientôt comblé par l'intervention d'autres puissances. L'importance des positions africaines est trop grande, les ressources minières de la Guinée sont trop vastes pour que ce vide puisse durer très longtemps.

Cette aide étrangère semble d'autant plus concevable qu'elle pourrait être efficace sans exiger beaucoup de capitaux. Si les investissements de Fria et de Boké continuaient, les devises qu'ils procureraient à la Guinée lui permettraient probablement de se ravitailler, l'an prochain, sans privations trop graves. La Guinée devrait donc pouvoir vivre sans notre aide, avec une certaine assistance technique étrangère et des concours financiers relativement légers pour les pays donateurs orientaux ou occidentaux.

Des interventions étrangères finiront donc par se produire, si nous interrompons trop longtemps nos rapports avec Sékou Touré. Ces interventions deviendront prochainement d'autant plus probables que la Guinée va bientôt se trouver séparée, en fait, de la zone franc, sauf modifications de notre politique.

Des incidents ont déjà eu lieu pour l'Office des changes, qui reste sous une direction française. Ils vont s'aggraver lorsque certains postes du programme d'importations commenceront à s'épuiser. Ces restrictions au ravitaillement de la Guinée auront d'ailleurs un caractère passablement anormal, si nous n'y prenons garde, alors que nous venons de bénéficier de rentrées de devises fort importantes, par suite des investissements étrangers dans l'affaire de Fria. Le Trésor et l'Institut d'émission seront mis en cause à leur tour, dès que les autorités guinéennes auront consommé les ressources de leur budget. Finalement, les derniers fonctionnaires français qui assurent les relations financières et monétaires entre la France et la Guinée se trouveront obligés de regagner la métropole.

Si nous abandonnons ainsi la Guinée à elle-même, on pourra, certes, critiquer les conditions de notre départ, opéré sans transfert normal des services, sans souci apparent des entreprises créées ou lancées, de l'œuvre réalisée par la France, du sort des Guinéens et de la sécurité de nos compatriotes. Des pays étrangers reprendront ces critiques pour justifier leur intervention.

Ceci ne signifie évidemment pas, qu'à l'inverse de nos méthodes actuelles, nous devions désormais offrir à la Guinée des avantages particuliers. Notre politique nous impose au contraire de lui faire un sort moins favorable qu'aux États de la Communauté. Mais il n'en paraît pas moins normal et nécessaire d'accepter les négociations que Sékou Touré sollicite. Sa lettre du 15 octobre, demandant le maintien de la Guinée dans la zone franc, nous en donne une occasion, qui sera peut-être la dernière.

Il paraîtrait souhaitable de répondre à cette lettre que nous sommes disposés à étudier les conditions du maintien de la Guinée dans notre zone monétaire, en lien avec une délégation guinéenne que Sékou Touré enverrait à Paris. Il semblerait également utile d'ajouter que la Guinée pourrait rester dans la zone franc, aux conditions actuelles, en attendant l'achèvement de ces études et l'éventuelle conclusion d'un accord qui devrait être soumis, le moment venu, aux organes de la Communauté.

Cette réponse à Sékou Touré serait parfaitement conciliable avec le message du général de Gaulle, daté du 14 octobre. Elle présenterait le grand avantage de permettre le commencement d'études techniques et l'ouverture de négociations que nous ne pouvons plus différer désormais, sans mettre en péril notre position et nos intérêts en Guinée, la vie des Français qui s'y trouvent et, peut-être, pour l'avenir, l'influence française dans une grande partie de l'Afrique Noire.

Si nous négligeons la demande qui nous a été adressée par Sékou Touré le 15 octobre, on voit mal ce que nous ferons ensuite, dans l'hypothèse – très plausible – où cette demande ne se renouvellerait pas. À supposer qu'aucun incident grave ne survienne, nous risquons alors d'être obligés, ou bien de nous présenter nous-mêmes en demandeurs – et dans de fort mauvaises conditions – ou bien, si nous nous y refusons, d'assister, sans réagir, à des interventions étrangères qui bénéficieraient de tous les efforts accomplis jusqu'ici par la France.

Un nouvel ajournement des négociations avec Sékou Touré ne pourrait, semble-t-il, s'expliquer que si le gouvernement était finalement décidé à employer ou faire employer la force pour l'éviction de nos adversaires, malgré le risque de troubles plus généraux ou d'interventions étrangères. Comme cette supposition ne paraît pas vraisemblable, il semble difficile d'apercevoir les motifs qui pourraient être invoqués pour différer davantage les négociations que Sékou Touré sollicite.

4 novembre 1958

Monsieur Couve de Murville
Ministre des Affaires étrangères
44 rue du Bac
PARIS 7e

P.V./LB N° 171

Cher ami,

J'avoue ne rien comprendre à notre politique à l'égard de la Guinée.

Depuis le mois de septembre, j'ai adressé de nombreuses notes à ce sujet au ministre de la France d'Outre-mer et au cabinet du président du Conseil, mais sans résultat. Il y a une dizaine de jours, j'ai eu l'occasion d'en dire quelques mots au général de Gaulle et de lui remettre une nouvelle note, que j'ai également envoyée au ministre de la France d'Outre-mer. Je vous adresse ci-joint une copie de cette étude, qui ne paraît pas avoir eu plus de succès que les précédentes.

Il faudrait cependant que nous reconnaissions le gouvernement de Guinée et que nous ne repoussions pas, l'une après l'autre, les dernières occasions de négociations qu'il nous offre.

Je suis sûr que vous partagez vous-même mes inquiétudes, que je ne suis certes pas seul à éprouver, mais j'ai tenu néanmoins à vous soumettre ce problème, dont la gravité, l'urgence et les données véritables ne semblent pas avoir été aperçues, jusqu'ici, par la présidence du Conseil et le ministère de la France d'Outre-mer.

Veuillez agréer, je vous prie, cher ami, l'assurance de mes sentiments les meilleurs et les plus dévoués.

André Postel-Vinay

Témoignage d'André Lewin[2]

Après l'absence d'agent diplomatique français à Conakry de décembre 1965 à décembre 1975, le diplomate André Lewin a été affecté en Guinée comme ambassadeur du 30 décembre 1975 au 20 septembre 1979[3]. Il a consacré plusieurs textes à ce pays.

Hamid Barrada : On se demande, en suivant les liaisons orageuses de Sékou avec la France, s'il ne s'agit pas en fin de compte d'une histoire de dépit amoureux. En d'autres termes, et sans vouloir mettre en cause votre talent diplomatique, ne croyez-vous pas que le succès de votre mission s'explique pour une grande part par une politique résolue de la Guinée. Vous avez renoué parce que Sékou, après avoir dit « non », était décidé à dire maintenant « oui » à la France.

André Lewin : « oui » à une certaine France, sans aucun doute. Il est certain que ma mission a pu réussir grâce aussi bien à des facteurs personnels qu'à des considérations objectives : il y avait en France un nouveau président désireux de renouer avec la Guinée et qui n'avait pas de préventions personnelles contre Sékou, ni de ressentiments nés de la décision de 1958. Du côté des exilés guinéens, on a beaucoup dit que Sékou était aux abois, que son régime était à la veille de s'effondrer, que la reprise des relations était pour lui un ballon d'oxygène. Telle n'est pas mon opinion. À quelques exceptions près, la grande majorité des Guinéens souhaitaient la reprise ; Sékou m'a même dit un jour que si on les avait écoutés, la Guinée serait devenue un département français ! S'il avait vraiment été pressé par le temps, Sékou aurait accéléré les pourparlers, plutôt que de les freiner parfois comme on l'a vu. On a certainement perdu six bons mois entre décembre 1974 et juillet 1975, du fait de ses atermoiements et de ses exigences.

2. https://www.campboiro.org/bibliotheque/andre_lewin/sekou_tel_que/sekou_telque.html

3. Source : *Annuaire diplomatique et consulaire*, Ministère des Affaires étrangères, 2008, p. 59.

De plus, s'il avait eu des besoins immédiats d'aide, il l'aurait manifesté ; au contraire, je ne l'ai jamais, je dis bien, jamais, entendu solliciter une aide de la France. Lorsque Giscard est venu en Guinée en 1978, et lorsque lui-même est venu en France en 1982, Sékou a toujours tenu à exclure les questions économiques et financières de l'ordre du jour qu'il traitait personnellement, alors qu'il en parlait volontiers, au cours des dernières années de son régime, par exemple lorsqu'il allait aux États-Unis plaider devant les capitalistes et les directeurs des multinationales en faveur d'investissements dans son pays. Sékou disait : « Ces entretiens avec le chef de l'État français sont trop importants sur les plans politique et psychologique, il sera toujours temps d'évoquer par la suite d'autres problèmes. » Dans son discours devant Giscard, il a affirmé : « Nous ne demanderons pas à la France de se substituer à nous pour résoudre nos problèmes, pour mettre à son compte nos insuffisances et nos défauts. Nous n'allons pas demander à la France de priver son peuple pour faire plaisir au peuple de Guinée. Nous ne devons rien quémander, rien demander que nous ne soyons en mesure de rendre : voilà l'esprit de la coopération. » D'ailleurs, lorsque je mentionnais devant lui des projets économiques ou d'investissements, il répondait : « Vous, les Français, vous connaissez tellement bien la Guinée, ce n'est pas à nous de vous proposer des projets. Dites-nous plutôt ce que vous avez envie de faire, et nous le ferons ensemble. »

La plupart des opérations importantes qui ont été signées ou réalisées au cours des quatre années que j'ai passées à l'ambassade à Conakry, c'est moi qui les ai proposées, en fonction des potentialités du pays et des entretiens que j'avais eus avec des responsables guinéens, rarement avec le président, que je tenais pourtant au courant pour avoir son approbation. Celle-ci restait évidemment indispensable.

Extrait des mémoires d'Yves Roland-Billecart[4]

Une autre visite pittoresque fut celle que je fis en Guinée Conakry au président Sékou Touré en 1981[5], en compagnie de Mazetier qui, sur sa demande, avait été nommé directeur de l'agence[6]. J'ai été conduit dès l'arrivée dans un camp où avaient été construites pour une réunion de l'OUA des « Villas de Chefs d'État » et où je me retrouvais seul, avec prière de ne pas sortir et, pour me distraire, les œuvres complètes de Sékou Touré. J'ai désobéi et suis allé dîner chez Mazetier. Le lendemain, le ministre des Affaires étrangères m'a fait demander pourquoi j'étais sorti du camp. Est-ce que je n'avais pas aimé le repas préparé à mon intention ? J'ai compris que j'étais en liberté très surveillée. Le pauvre Mazetier regrettait bien de s'être porté candidat pour la Guinée où il avait servi à la belle époque, c'est à dire avant l'indépendance. Il ne trouvait presque rien à manger et allait à la pêche pour avoir du poisson. (…) L'entretien avec Sékou Touré fut assez comique. Après m'avoir laissé parler de nos projets dans son pays pendant une heure sans m'interrompre, il fit servir du café, sans commentaire. Je crus que l'audience s'arrêterait là, quand, après le café, il se mit à parler pendant deux heures, reprenant point par point tous les sujets que j'avais abordés et en concluant que sans doute il y avait beaucoup de travaux à entreprendre pour restaurer les infrastructures mais qu'il avait apporté au peuple guinéen ce bienfait inestimable : la Liberté !

4. Yves Roland-Billecart a exercé à la Caisse centrale de 1967 à 1989. Ses mémoires ont été publiées : https://www.afd.fr/fr/une-vie-vouee-au-developpement-memoires-dyves-roland-billecart (éditions AFD-2017 janvier 2018).
5. La date n'a pas pu être précisée.
6. La Caisse centrale a été invitée à reprendre ses opérations en Guinée en 1978 (source : rapport d'activité de la CCCE, 1978).

Témoignage d'Yves Malpel : Visite du directeur général de la Caisse centrale en 1982[7]

La visite du DG est toujours un événement dans la vie d'une agence. (...) J'étais depuis environ un an à Conakry. L'agence avait ouvert il y avait à peine 3 ans, dans des conditions très difficiles. Nous étions deux agents de la Caisse (le directeur et son adjoint) assistés d'une secrétaire et d'un chauffeur.

Les ministres guinéens étaient partagés sur le retour de la France en Guinée. Pour la plupart, formés en URSS depuis 1958, la Caisse centrale n'était qu'une couverture d'espions de l'Ennemi impérialiste colonialiste. Il fallait donc nous espionner. Mais, depuis la visite du président Giscard d'Estaing, les instructions politiques avaient changé, ouvrant la voie à de juteuses affaires. On croisait aussi dans les antichambres des ministères, à l'ambassade de France ou dans les aéroports, de grands requins blancs, beaucoup plus puissants et dangereux. L'argent, leur nourriture, c'est à la Caisse centrale qu'il se trouvait en quantité et ils le savaient bien.

Notre job était de nous assurer, sur place, que tous les fonds engagés et décaissés par la Caisse centrale seraient bien employés et protégés tant des convoitises des ministres que des appétits des requins blancs. Cette stricte intégrité était dans nos gènes à la Caisse centrale. Elle était aussi vitale pour la Banque que nous étions : les ministres des Finances savaient que la corruption n'avait pas prise sur la Caisse et c'est pour cela que nous arrivions à leur faire virer les échéances. C'était un cauchemar bureaucratique : chaque convention avait ses dates d'échéance, et le suivi avec les services de la Banque centrale devait être très précis et accompagné, depuis le planton jusqu'au gouverneur, pour avoir une chance d'aboutir.

La population guinéenne était très accueillante ; nous représentions un espoir de changement dans un environnement de pénuries, de corruptions. Mais la plus grande prudence dans nos relations était indispensable vu le pouvoir et la cruauté des

---

7. Yves Malpel a exercé à l'agence de Conakry de 1981 à 1984. Témoignage recueilli le 23 septembre 2019.

services de renseignement et autres milices. Notre vie quotidienne était aussi compliquée par la « défaillance » des services publics (communication, électricité, carburants, approvisionnements…) et l'état des infrastructures. C'est dans ce contexte que le directeur de l'agence, Maurice Mazetier, revient un jour de Paris avec la lettre du DG, Monsieur Roland-Billecart, annonçant sa visite prochaine. Il viendrait seul.

On dirait aujourd'hui que c'était un « sacré challenge » pour une agence débordée de travail et sans assez de moyens (de ce côté-là rien n'a changé…). Le ministre de la Coopération internationale, avec qui les relations étaient tendues, donna un accord plutôt froid en insistant bien qu'il prenait l'entière et exclusive direction du programme et du bon déroulement de la visite. Impossible pour nous d'organiser visites et rendez-vous comme nous le souhaitions. Jusqu'à la dernière minute nous ne savions pas ce qui nous attendait ; ce serait la surprise… nous ne serions pas déçus.

Déjà à l'aéroport, nous sommes surpris de constater qu'aucun ministre ou directeur d'administration ne s'est déplacé pour accueillir M. Roland-Billecart. Un ancien ambassadeur de Guinée à Paris assure le protocole minimum. Et la valise du DG est annoncée « perdue », histoire de créer l'ambiance… Une somptueuse limousine blanche de la présidence garantira nos déplacements, ce qui permettra aux autorités guinéennes de savoir tout de nos faits et gestes. Elle nous conduit déjà dans une des villas réservées aux hôtes officiels de passage, les « villas Syli[8] ».

Seconde surprise, la chambre affectée à M. Roland-Billecart avait accueilli dans l'après-midi un couple en quête d'intimité : le lit était défait et les serviettes sur le sol… Notre DG, grand seigneur, ne fait aucune remarque et s'enquiert du programme de la soirée. Personne n'est au courant de rien, l'ambassadeur nous quitte et nous nous retrouvons tous les trois.

---

8. Le site de la police des frontières (https://www.paf.gov.gn/dnpaf/?page_id=378) évoque la construction, à partir de 1963, de structures d'hébergement appelées « *Villa Syli* » dans toutes les régions administratives, actuelles préfectures du pays.

Il n'y avait pas de restaurant dans la Guinée de cette époque. M. Mazetier propose donc un dîner chez lui, ce qui sera l'occasion de faire le point sur les affaires. Mais il habitait seul, son cuisinier était parti et son frigidaire était vide. Me voilà « chargé de mission courses et diner ». Je vais donc, avec la limousine et le chauffeur, au petit marché du quartier où je peux trouver des spaghettis et de la sauce tomate, ce qui était déjà un luxe dans la pénurie générale ambiante, et je peux faire cuire des pâtes pour mon directeur général, ce qui n'a pas été donné à tous les agents de notre auguste maison. Nous passons une bonne soirée à discuter. Quand nous rentrons à la villa Syli, nouvelle surprise : le portail est fermé à clé et aucun gardien n'est en vue… Heureusement le chauffeur de la limousine sait où habite quelqu'un qui pourrait nous aider et nous finissons par pouvoir rentrer…

Notre premier rendez-vous le lendemain était avec le ministre de la Coopération internationale qui reprocha d'emblée à M. Roland-Billecart d'être sorti la veille sans autorisation du gouvernement… quel culot !

Dans ses mémoires[9], M. Roland-Billecart parle du déjeuner avec Sékou Touré et des deux monologues qu'ils se sont mutuellement servis, sans entamer la moindre discussion. Ce qu'il ne dit pas c'est que la grande salle à manger de la Présidence voyait défiler de nombreuses et belles Guinéennes qui saluaient familièrement le Guide Suprême et prenaient place à table sans façons, troublant un peu l'attention des dirigeants.

Le soir, le programme officiel annonçait une soirée-spectacle en l'honneur de l'hôte du gouvernement. M. Roland-Billecart était confiant d'avoir, enfin, un accueil plus conforme à ce dont il avait l'habitude. Mais quand nous sommes arrivés, avec quelques minutes d'avance, au Palais du Peuple, où devait se tenir la soirée, celui-ci était vide et fermé… Une demi-heure après l'heure prévue, nous voyons arriver l'ex-ambassadeur qui nous avait accueilli la veille à l'aéroport et qui composait à lui tout seul la délégation guinéenne. On nous donna

9. Cf. document en annexe.

alors un spectacle de propagande, où l'affreux colonialiste était ridiculisé par le peuple dans une scène de village. Mais M. Roland-Billecart ne semblait déjà plus surpris de rien dans la Guinée de Sékou Touré.

Le lendemain, un petit avion affrété depuis le Sénégal nous conduira à Freetown, puis à Monrovia, vers de nouvelles aventures. M. Roland-Billecart dut être satisfait puisqu'il décida alors de m'envoyer ouvrir le bureau de représentation en Sierra Leone, premier du genre hors de l'Afrique francophone.

Témoignage d'Yves Picard[10]

J'ai été en poste à Conakry d'octobre 1982 à décembre 1984.

Olivier Richet était un ancien résistant, déporté, alors qu'il était étudiant, au camp-tunnel de Dora, où il était affecté à la fabrication des chars téléguidés « Goliath ». Ses études ayant été interrompues, il sidérait ses interlocuteurs diplômés en annonçant ne pas avoir même le bac (ce qui était sans doute faux[11]). La famille de M. Richet était constituée de grands personnages de l'État, de sommités scientifiques et de personnalités exceptionnelles. Son grand-père, le professeur Charles Richet, avait reçu le prix Nobel de médecine en 1905 pour la découverte de l'anaphylaxie. Charles Richet était un esprit universel, écrivain, poète, s'intéressant à des domaines multiples, et constructeur d'un hélicoptère avec Louis Bréguet. Esprit indépendant, d'une culture étendue, Olivier Richet était (...) peu conformiste, il scandalisait l'ambassadeur français et les ministres guinéens en participant aux cérémonies officielles vêtu de sa saharienne et chaussé de tongs.

Au siège, le chargé de mission géographique était Loïc Carsin puis Patrick Bruguière ; les ingénieurs étaient François Gadat, Philippe de Clercq (télécommunications) et Jean-Yves Clavel (infrastructures, énergie) ; Joseph Flom a commencé à intervenir fin 1984. Le directeur était Michel Penent d'Izarn[12],

---

10. Communiqué le 10 février 2019.

11. En fait, il a été bachelier, a fait deux années de préparation aux concours scientifiques, pendant lesquelles il a été arrêté deux fois, incarcéré notamment de mars 1942 à janvier 1943, et a été reçu à l'École de physique et de chimie industrielle, qu'il n'a pu intégrer car il a à nouveau été arrêté en septembre 1943 – pour être ensuite déporté, jusqu'à la Libération. Son frère était le professeur Gabriel Richet, 1916-2014, grande figure de la recherche néphrologique française. Il est le coauteur, avec son père et sa cousine, du récit de leurs trois internements dans des camps de déportation : Trois bagnes – Charles Richet, Jacqueline Richet, Olivier Richet (J. Ferenczi et fils) 1er janvier 1945. https://gallica.bnf.fr/ark:/12148/bpt6k3389399g/f7.image.texteImage

12. Michel Penent d'Izarn 1929-1985 ; Joseph Flom (1930-1994) a notamment émaillé son parcours de caricatures qu'il brossait rapidement sur des papiers volants, et dont une sélection a été publiée en 1997.

qui avait tracé les grandes lignes d'un programme de relance après le coup d'État de 1984.

Personnel local de l'agence à l'époque : une secrétaire guinéenne (Lamarana Sow), une secrétaire comptable française, un chauffeur (Alfa Fofana), un planton (Yacouba), un VSN à partir de 1983.

L'activité de l'agence a jusqu'à mi-1984 été contrainte ; les interventions étaient exclues dans les secteurs sociaux et productifs et se concentraient sur les infrastructures : reconstruction de la piste et de l'aérogare de Conakry-Gbessia, remise en état de la conduite forcée et des installations hydro-électriques du barrage de Kindia, financement d'une conduite d'eau potable à Conakry pour la Distribution des Eaux de Guinée, identification d'un projet télécommunications. Il y a aussi un petit programme d'appui technique à la Régie des Chemins de Fer de Guinée. L'agence de Conakry était compétente sur la Sierra Leone, où un bureau avait été ouvert à Freetown fin 1982 (Yves Malpel) et sur le Liberia, où la CCCE avait pris en 1984 une participation dans la Liberian Bank for Development and Investment (LBDI), qu'elle détient toujours – pays sur lequel elle fondait alors beaucoup d'espoirs.

La République Populaire Révolutionnaire de Guinée est alors une île close où les étrangers n'entrent pas et dont les Guinéens ne sortent pas. Les seules activités économiques modernes sont les concessions de bauxite française, américaine et russe. Les citoyens reçoivent à la naissance une carte de militant du Parti Démocratique Guinéen et une carte de ravitaillement. La monnaie nationale, le syli, vaut dix fois moins au marché noir et florissant qu'au cours officiel. L'économie fonctionne sur un mode dual qui favorise tous les trafics. Le système bancaire et financier marche en dépit du bon sens. Le personnel politique, à commencer par le gouvernement, est largement corrompu. Peu d'électricité, de ravitaillement, de médicaments. Les Guinéens vivent dans la misère et l'oppression, sont ouverts, hospitaliers, curieux de l'étranger, prennent des risques.

En mars 1984, Sékou Touré décède aux États-Unis. En avril, coup d'État de Lansana Conté. L'ouverture de la Guinée sur l'extérieur se manifeste par un brutal appel d'air où se ruent coopérants, entreprises, assistants techniques etc.

Témoignage d'Odile Lapierre[13]

Recrutée à la Caisse centrale en septembre 1982, j'ai postulé à l'agence de Conakry début 1984, désireuse de contribuer à l'aide au développement dans un pays africain. J'avais choisi la Guinée car mes collègues m'avaient expliqué que personne ne demandait cette destination. Effectivement, seule candidate, le DRH de l'époque (M. Gousailles) fut obligé de me donner le poste, malgré mon jeune âge (23 ans). Moins d'un mois après, le 26 mars 1984, Sékou Touré mourrait et le pays allait s'ouvrir à l'aide internationale en particulier française.

Le directeur de l'agence en place, Oliver Richet, était un personnage pour le moins atypique : très féru de mathématiques, peu enclin aux opérations d'aide au développement, pingre, très misogyne : « Mademoiselle, je ne vous donne pas trois mois pour refaire vos bagages, le siège vous a envoyée ici uniquement pour m'embêter, car ils savent que je ne supporte pas les femmes ». En définitive, c'est lui qui est parti début 1985 et a été remplacé par un jeune directeur : Guy Lecamus. Le personnel local, en particulier la secrétaire de direction Lamarana Sow, m'a énormément appris et soutenue pendant ces premiers mois difficiles.

Les années 1985 et 1986 ont été formidables : nos actions étaient accueillies très positivement par le gouvernement et la population. Les années de dictature avaient été très pénibles et nous nous sentions comme des sauveurs. La stratégie était structurée sur deux axes complémentaires, accompagner la réforme monétaire, aux côtés du FMI et de la Banque Mondiale, et monter, dans les secteurs d'infrastructures de base et de l'agriculture, les projets à même de relancer l'économie.

Tout était mené de front, l'agence est passée en moins d'un an de deux expatriés à quatre, et les missions des experts

13. Témoignage écrit transmis en janvier 2020.

du siège se succédaient, sous la conduite de Jean-Yves Clavel (infrastructures) et Jean Bailliez[14] (agronomie).

La réforme monétaire et la remise sur pied d'un système bancaire digne de ce nom étaient indispensables. À mon arrivée en 1984, la monnaie, le syli, ne valait plus rien. Il était décoté de 30 fois sa valeur au marché noir. L'économie du pays, ou du moins ce qu'il en restait, était dirigée par un petit groupe de commerçants libanais : une fois par semaine, ils se réunissaient pour fixer le cours du syli « au marché noir ». Nous allions tous chez eux pour faire le change. Impossible de vivre au cours officiel. C'était devenu tellement impossible qu'une note fut envoyée au siège pour obtenir l'autorisation de faire fonctionner l'agence pour ses frais généraux au marché noir. Ce fut autorisé et je tenais une comptabilité annexe sur cette base. Cela nous a permis de rémunérer correctement le personnel.

Anecdote : pour faire la paie, on devait remplir un sac postal que portait notre planton, Yamoussa ; pour aller au restaurant, il fallait plusieurs sacs plastiques avec des liasses de billets.

En 1985, le FMI a lancé son programme et mis en place une équipe d'assistance technique. Le principal maillon humain de ce dispositif était Léon Chaize, inspecteur de la Banque de France : il fut nommé vice-gouverneur de la Banque centrale de Guinée et mena la réforme avec l'aide d'autres assistants français à la Banque centrale et au ministère des Finances.

---

14. Jean Bailliez, entré à la Caisse centrale en 1974, comptait (après son ami J. Cantournet) parmi les premiers ingénieurs agronomes recrutés par l'établissement. Formé à l'école de l'hévéa, dans ce qui était alors le Viêtnam du Sud nouvellement indépendant, il a gardé toute sa carrière un intérêt pour cette économie qui s'était redéployée en Côte d'Ivoire à partir des années 1950. C'est donc assez naturellement qu'il est devenu responsable du développement rural pour l'Afrique de l'Ouest, formant toute une génération d'agronomes. Il incarnait en effet des conceptions du développement rural, qu'il a parfois fallu revendiquer dans des débats vifs avec la Banque mondiale. Pour l'un de ses adjoints, Bernard Esnouf, « son penchant naturel pour les blocs industriels de cultures de rente ne l'a pas empêché de soutenir ses ingénieurs, plus engagés dans l'accompagnement de l'agriculture familiale. C'est sous sa direction qu'a été inventé le concept de « nucléus », toujours pertinent aujourd'hui, de développement d'une agriculture contractuelle entre un bloc industriel avec son usine et les plantations paysannales qui l'entourent. » Il est mort en 2015.

Le syli a été remplacé par le franc guinéen le 1er janvier 1986. C'était le symbole fort, choisi par le gouvernement de Lansana Conté : aller vers le libéralisme économique[15]. Le changement physique de la monnaie a été un tour de force, compte tenu des montagnes de billets. Tout s'est passé dans le calme, sous le contrôle des militaires.

La Caisse centrale a mis en place un prêt pour accompagner la réforme monétaire en 1985, le PARM (programme d'accompagnement de la réforme monétaire), ancêtre du prêt d'ajustement structurel, et à l'époque totalement novateur. L'effondrement de l'économie du pays, dont les seules recettes en devises venaient de la bauxite, et une production locale déficiente ne permettaient plus d'assurer les importations sur les produits de base. Le PARM adossé dans ses conditions de mise en place au respect des critères du FMI a été mis en place par tranches successives (« *un Parme en tranches* » !) les versements n'étaient pas faits en espèces mais en approvisionnement en biens de première nécessité : un agent de la Caisse, Patrice Chatenay, était chargé de les contrôler et d'en assurer la livraison. Impossible de me souvenir des montants mais cela représentait un apport significatif pour le pays.

Le lancement de projets concrets de développement pour relancer l'économie a démarré en 1985. Lucien Humbert s'occupait de l'agriculture et pour ma part, c'était les infrastructures. Nous avons mis en place un programme de redressement du chemin de fer, avec deux assistants techniques détachés de la SNCF. La reconstruction de l'aéroport et mis en place la société de gestion avec l'assistance technique d'Aéroports de Paris. La création d'une société de transports urbains (Société générale de transports guinéens – SOGETRAG) avec une magnifique équipe d'assistants techniques qui ensuite ont créé le métro de Lille entre autres. Le pays étant riche en cours d'eau, nous avons

15. *Politique africaine* n° 36 : Guinée, l'après Sékou Toure, « Réajuster l'économie : premier bilan des réformes », p. 56.

aussi financé un programme de franchissement de rivières par des bacs et des ponts.

Chaque matin en arrivant au bureau, je recevais, autour d'un café, les équipes d'assistance technique, qui faisaient le point et partageaient les difficultés nombreuses rencontrées. Il m'appartenait de savoir écouter et aussi d'agir dans les ministères concernés pour faire avancer les choses. J'ai beaucoup appris et cela m'a passionnée. Et je pense que durant mes trois années guinéennes, j'ai contribué à des actions de développement vraiment efficaces.

Témoignages de François Peyredieu du Charlat et André Meyer

La revue « l'économie guinéenne » (EG) a consacré un numéro spécial (n° 03 avril-mai-juin 1995) aux opérations de la CFD (source communiquée par André Meyer). Ce dossier alterne les témoignages d'agents de la CFD à Conakry et ceux de responsables d'opérations qu'elle finance. Un extrait en est reproduit ci-après.

M. Peyredieu du Charlat (P.d.C)

(Présentation des composantes de l'activité – Premier volet, le développement rural.) Le deuxième volet est formé par les infrastructures. Compte tenu de nos moyens, ce sont des infrastructures légères : aéroports et télécommunications mais rarement des routes. Mais, là aussi, la Guinée est un cas un peu exceptionnel. Elle avait un tel besoin de communications routières, de ponts et de bacs, que les premiers investissements furent des routes et des bacs. Aujourd'hui nous revenons à nos activités traditionnelles, les pistes rurales et les aéroports en plus des services publics. (…) Le troisième volet demeure le secteur privé. Au départ nous l'avions ignoré. On sentait bien qu'il ne fallait pas simplement travailler avec le secteur public ; nous avons créé Proparco qui ne faisait que du capital risque ; elle était là pour essayer d'appuyer et d'inciter les investisseurs à investir dans les pays africains. Dans notre idée, ce n'était pas tellement le privé extérieur mais le privé local qui devait investir chez lui. Hélas, on a toujours du mal à favoriser l'investissement privé qu'il soit national ou français… En Guinée il faut reconnaître que des privés ont été découragés par le milieu, par le non-respect de certaines règles, et aussi parce qu'ils sont allés trop vite par rapport à un environnement qui se met en place lentement, ce qui prendra encore des années. Je pense que le secteur privé repartira un jour sur des bases plus sérieuses, si vous voulez un peu moins fragiles qu'elles ne l'étaient dans les années 85-90.

E.G : Les engagements de la CFD en Guinée ?

P.d.C : Notre activité aujourd'hui évolue et est montée en puissance jusqu'à plus de 500 MF par an ; le volume moyen est de 300 MF d'engagements par an. Un peu plus d'un tiers en subventions et le reste en prêts bonifiés. En Guinée, lorsqu'on parle de prêt bonifié (hormis le secteur privé qui est marginal pour l'instant) c'est 2 % par an sur 20 ans. Ces prêts sont certes à un taux moins bas que ceux de l'Association internationale de développement, mais la CFD fait un amalgame entre prêts et subventions, le taux d'intérêt devient plus réduit (sachant que c'est l'équivalent de plus d'un tiers d'élément de libéralité).

L'an dernier, 410 MF ont été engagés uniquement dans des projets, en prêts et en subventions ; je ne parle pas de l'ajustement structurel. La Guinée a été le pays qui a bénéficié le plus d'engagements de la CFD en 1994. Le pays suivant a bénéficié seulement de quelque 250 MFF. (...) Cette année, (...) les projets sont difficiles à mettre en place et en particulier les projets sans aval ou garantie de l'État. Aujourd'hui quand on fait un prêt à la Guinée, ça ne concerne pas principalement l'État guinéen. Quand on prête pour Garafiri, on prête à Enelgui, quand on prête pour l'eau, on prête à la Soneg, quand on prête pour l'aéroport, on prête à la Sogeac ; l'État reste au second plan ». Et cela signifie que si Enelgui ne rembourse pas la CFD, l'État guinéen n'est pas redevable de la dette. Cela fait un sacré risque pour la CFD puisque l'État guinéen est, parmi les États où intervient la CFD, celui qui honore le mieux ses dettes ; il n'a pas d'impayés. L'État guinéen a toujours été d'une remarquable correction dans le paiement de ses dettes vis à vis de la CFD. (...) Il y a des pays où on ne peut plus intervenir parce que la dette n'est pas payée. Aujourd'hui on ne veut plus endetter l'État et nous ne réclamons plus l'aval de l'État guinéen. Pour le prêt de 200 MFF par exemple que nous venons de faire à Enelgui, nous demandons des cautions bancaires, des garanties. Si nous faisons une rallonge pour Enelgui sur Garafiri, il faudra tenir compte du premier prêt de 200 MFF. On va arriver très vite à une capacité d'endettement d'Enelgui qui sera complètement épuisée, alors que l'État guinéen a des capacités d'endettement bien supérieures, nous allons être bloqués.

(...)

E.G : Peut-on savoir si vous êtes décidés à soutenir le projet Garafiri ?

P.d.C : En toute objectivité, si le projet Garafiri se réalise c'est qu'il y a quelque part une volonté inébranlable de la CFD au moins depuis 10 ans, de faire ce projet. À la limite, je dirais même que ce projet remonte à 1927, avec les projets Konkouré, initiés par la France. Il y a une détermination de la France d'aménager le Konkouré en hydroélectricité, volonté qui remonte à plusieurs décennies[16] ; le relais a été pris d'une façon tout à fait naturelle par la CFD. Nous remercions le gouvernement et le peuple guinéens de nous associer à ce projet sans dissocier Kaleta de Garafiri.

M. André Meyer

M. André Meyer (AM) : Si l'on se réfère au niveau des engagements qui ont été consentis depuis 1979 jusqu'à la fin de 1994 (donc sur une période de 15 ans), pour un montant total d'environ 4,1 Mds francs français (F), le secteur des infrastructures au sens strict du terme, c'est à dire hors hydraulique urbaine et énergie, représente à lui seul 1,140 Md F d'investissements, soit 28 % du total de nos engagements. Si on joint à ces infrastructures de base, essentiellement des infrastructures routières et de transport, les télécoms et les infrastructures urbaines, comme l'hydraulique urbaine et l'électricité, il conviendrait de rajouter environ 730 MF, ce qui fait au total à peu près 1,9 Md F, soit 45 % de nos engagements.

Il est opportun de rappeler la démarche sous-jacente à nos interventions dans ce secteur, lorsque la Caisse a repris d'une façon intensive ses activités en Guinée en 1984. La « philosophie » qui prédominait à l'époque était celle du pragmatisme et du réalisme. En raison du retard accumulé pendant 26 ans, dans tous les secteurs, il nous a paru nécessaire de parer au plus

16. Ces projets ne figurent pas dans le plan Sarraut (1923).

pressé. C'est ce qui explique notamment des interventions qui peuvent dans un premier temps paraître relativement éparpillées puisque nous sommes intervenus dans de nombreux domaines (transports urbains, aéroport etc.). C'est surtout au fil du temps que s'est affinée notre philosophie d'intervention dans le secteur des infrastructures, qui s'est toujours faite en coordination avec d'autres bailleurs de fonds et à partir de certaines priorités.

(...)

EG : La CFD intervient également dans le secteur des transports. En Guinée, elle a financé essentiellement la Société guinéenne des transports urbains, la Sogetrag, qui exploite le réseau autobus de la capitale guinéenne. Ensuite la Sogeac qui est une société de gestion de l'aéroport de Conakry Gbessia. Est-ce que vous pouvez nous donner des précisions sur ces deux interventions de la CFD dans le secteur des transports en Guinée ?

AM : (...) nous sommes intervenus dès 1985 dans le secteur du transport urbain avec l'appui important que nous avons donné à la constitution d'une société de transport collective de voyageurs dans la capitale, la Sogetrag. Nous sommes également intervenus d'une façon plus systématique et massive au niveau de l'aéroport de Conakry. L'ensemble de ces financements représente, pour la Sogetrag, 170 MF, et 225 MF pour la Sogeac. Je rappelle au passage que dans un premier temps, du moins au début des années 80, nous nous sommes également intéressés aux chemins de fer avec un financement plus modeste mais qui traduisait à l'époque l'intérêt que nous avions pour le secteur ferroviaire guinéen. (...)

EG : Et vous continuerez (...) à financer la Sogeac ?

AM : Nous avons plutôt le sentiment d'avoir financé un programme d'infrastructures aéroportuaires. Notre appui à l'aéroport de Conakry a d'abord porté sur la réhabilitation d'un certain nombre d'infrastructures et d'investissements physiques. Nous avons remis en état la piste de l'aéroport, la CFD a réalisé sur d'autres financements la construction de l'aérogare internationale et l'installation du système de production d'énergie électrique. C'est à partir de 1987 qu'il est apparu opportun de financer également une structure de gestion de ces infrastructures. La Caisse a largement contribué au démarrage de l'activité de la Sogeac. Aujourd'hui, la Sogeac est une société fonctionnelle. Elle permet d'assurer la gestion d'un trafic de passagers de plus en plus importants puisque pendant longtemps ces passagers ont plafonné à hauteur de 200000 jusqu'en 93, actuellement (...) près de 300000 passagers. (...)

EG: Il faut également noter que la CFD est intervenue massivement dans le secteur des télécommunications. Pouvez-vous nous présenter les différentes formes d'intervention de votre département dans ce secteur?

AM: Nous y sommes intervenus depuis 1979. (...) Je crois qu'il faut toujours garder à l'esprit ce double aspect de nos interventions: le financement de nos investissements physiques va de pair avec le suivi de leur mise en œuvre dans un contexte assaini. Au niveau des investissements physiques, nous avons d'abord contribué à la réalisation des 7 centres de provinces ainsi que la réalisation des liaisons hertziennes entre Conakry et Boké. À Conakry, c'est surtout la commutation qui a retenu notre attention. Nous avons financé le Centre de transit international, le MT20, qui a été mis en service en août 88. Parallèlement, nous avons réhabilité à deux reprises la station terrienne de Wonkifong qui permet l'écoulement du trafic avec l'extérieur. Mais beaucoup reste à faire. Je crois que le processus actuel de privatisation, une fois qu'il aura abouti, devrait permettre de dégager des nouvelles ressources pour financer les investissements qui ont été étudiés par Sofrecom récemment. (...) Ce qui est important, c'est de souligner l'avancement de la réforme institutionnelle du secteur avec la création de la Sotelgui en 1993, une société anonyme à participation publique, dont le capital est encore entièrement détenu par l'État et qui devrait être ouvert à court terme aux actionnaires étrangers.

(...)

EG : La CFD est intervenue de façon considérable dans le secteur de l'énergie en Guinée. Est-ce que vous pouvez nous présenter les projets dans lesquels vous vous êtes trouvés impliqués justement dans le secteur du développement énergétique et de l'eau ?

AM : Vous évoquez deux secteurs dans lesquels nos financements ont été importants, surtout dans le secteur de l'énergie, puisqu'ils représentent 450 MF sur toute la période 79-93, en dehors donc des financements pour Garafiri.

Photo 12 : Pose de la première pierre du chantier de Garafiri. La plaque est entourée notamment à gauche par l'ambassadeur de France (Hadelin de La Tour Du Pin, en poste de 1994 à 1997) et André Meyer, à droite, en poste de 1990 à 1995 (Photo collection André Meyer).

À l'heure actuelle, Garafiri est certes au cœur de toutes les préoccupations aussi bien des bailleurs que des nationaux, mais nous sommes intervenus dans ce secteur bien avant. Je citerai simplement les différentes opérations auxquelles nous avons largement contribué. Dès notre retour en Guinée en 1979, nous sommes intervenus au niveau du complexe du Samou, en fait le barrage des Grandes Chutes qui assure encore, en dehors de Tombo, l'essentiel de la production actuelle de l'énergie pour la ville de Conakry. Nous sommes intervenus, à travers plusieurs phases de financement au niveau du Samou, pour réhabiliter la centrale hydroélectrique, conforter le barrage de retenue et reprendre un peu les lignes de transport vers Conakry. Nous sommes également intervenus, dans le cadre du projet Énergie II, au niveau de Conakry : nous avons mis en œuvre à partir de l'année 90, un programme qui a permis de réhabiliter les réseaux de moyenne et basse tension, en raison de la nécessité d'agir rapidement pour permettre la réalisation des autres composantes d'Énergie II. Nous envisageons d'autre part de réaliser l'électrification de Kindia. Cette opération consistera à réaliser les lignes de 60 KVA entre les Grandes Chutes et Kindia et, d'autre part, d'améliorer et d'étendre les lignes de moyenne et basse tension de Kindia. Concernant Garafiri, je rappelle simplement que ce projet est à l'étude depuis 1986 et que son financement, pour lequel la CFD a déjà accordé 200 MF, devrait être bouclé définitivement en septembre prochain. (...)

EG : Nous en arrivons maintenant à l'hydraulique urbaine. Voulez-vous nous donner des précisions sur les différentes interventions de la Caisse dans le secteur de l'approvisionnement en eau des centres urbains ?

AM : Là aussi les investissements de la CFD ont porté essentiellement sur Conakry, encore que la tendance récente de notre stratégie en matière d'intervention tend à développer les centres de l'intérieur. Jusqu'à présent notre effort a été surtout concentré sur Conakry où nous avons contribué à hauteur de 125 MF à la mise en œuvre du 2e projet eau qui consistait à approvisionner les habitants de la capitale à partir d'une conduite d'eau brute qui prend son origine aux Grandes Chutes. Ce projet porte sur une conduite d'eau brute, une station de traitement, une conduite d'eau traitée, la constitution de réservoirs à Simbaya et aux environs de l'aéroport et ensuite sur des réseaux secondaires et tertiaires jusque dans la ville.

La CFO a pris en charge la conduite d'eau traitée sur 23 km entre la station de traitement et ces réservoirs situés à l'entrée de Conakry. Le doublement de cette conduite permet d'approvisionner Conakry à hauteur de 100000 m^3 par jour. Le problème rencontré n'est plus un problème de production mais plutôt de distribution et de mise en œuvre des branchements qui permettraient de rentabiliser le réseau. Je dirai aussi qu'à côté des interventions au niveau de Conakry, nous avons également des programmes en cours d'étude et de réalisation prochaine au niveau de centres comme Kindia où nous venons en décembre dernier d'accorder un financement de 43 MF qui permettra d'améliorer l'adduction d'eau de Kindia ou des villes comme Boffa pour lesquelles un programme plus léger est à l'étude actuellement et devrait être financé prochainement.

EG : Mais on constate que sur le plan géographique, les interventions de la Caisse dans le domaine des appuis au développement sont limitées à la Basse Guinée ?

AM : Il est vrai que nous avons privilégié jusqu'à présent Conakry et la Basse Guinée en matière d'infrastructures. Nous avons voulu éviter un saupoudrage de nos interventions. Je crois qu'il est important de concentrer nos efforts mais c'est vrai aussi que nous avons choisi certains centres secondaires importants qui nous paraissent constituer des pôles d'équilibres régionaux. Ainsi Kindia a été effectivement l'une des villes bénéficiaires de nos financements. Mais nous envisageons également à très court terme de multiplier nos interventions en matière d'énergie sur d'autres centres secondaires où des études ont déjà été menées.

EG : Dites-nous, en quelques mots, l'appui que vous apportez à la réforme institutionnelle en Guinée ?

AM : Parallèlement au financement d'opérations dans le secteur des infrastructures, la CFD a largement contribué à la mise en œuvre d'appuis institutionnels et au financement de l'ajustement structurel. À ce niveau, j'évoquerai simplement la mise en œuvre de nombreux programmes d'appui au ministère des Finances. Il y a eu aussi le programme d'appui à la réforme monétaire ; c'était une de nos premières opérations en 1985 pour un montant de 200 MF. Je citerai aussi l'appui au ministère de l'Économie et des finances à partir de 1989 et tout récemment le programme d'appui au secteur financier et bancaire et au secteur privé. Ce sont les trois principales opérations que nous avons conduites au titre de l'appui institutionnel.

EG : Un dernier mot sur les perspectives de la CFD en Guinée ?

AM : Une des particularités de nos interventions en Guinée, c'est que, contrairement à ce qui se fait dans d'autres pays, comme la Côte d'Ivoire, le Gabon ou le Sénégal, la quasi-totalité de nos financements en Guinée ont été orientés vers des opérations concrètes, vers des projets. C'est une direction que nous souhaitons maintenir.

Témoignage de Luc Mogenet[17]

J'ai été directeur adjoint de l'agence AFD de Guinée de 1996 à 2000, en charge du secteur du développement rural. Le pays se relevait de la dictature d'Hamed Sékou Touré (décédé en mars 1984). En avril, un coup d'État porte Lansana Conté à la présidence de la République.

Il n'y avait pratiquement aucun tourisme et les infrastructures étaient fortement dégradées. Il n'y avait aucun guide touristique et seulement de rares livres anciens concernant la Guinée. Au cours de mes nombreux déplacements en province, pour initier ou superviser les projets, je pris l'habitude de prendre des notes.

Quelques amis me demandèrent à voir ces notes, ce qui m'incita à les rédiger plus formellement. Parmi eux Olivier de Belleville, directeur général de la BICIGUI (Banque internationale pour le commerce et l'industrie en Guinée) créée en janvier 1986, avec un ensemble de partenaires étrangers dont la Banque nationale de Paris est le chef de file.

Je complétais mes notes personnelles par des recherches diverses dont dans les bibliothèques, pour appréhender l'histoire de ce pays et sa richesse culturelle. Peu à peu un véritable livre prit corps.

Olivier de Belleville enthousiasmé réunit ses contacts pour faire éditer ce livre. Il n'était pas, bien sûr, question de toucher des droits d'auteurs, et il fut décidé de consacrer les bénéfices de la vente à des œuvres de bienfaisance. En particulier en faveur d'un enfant guinéen cardiopathe, pour qu'il puisse aller se faire opérer en France[18], en relation avec l'association « Mécénat Chirurgie Cardiaque, Enfants du Monde[19] », et en faveur des visiteurs de prison, pour qu'ils puissent apporter un soutien moral et matériel à cette population démunie. Pour cette dernière action, les fonds ont permis en particulier de créer des

17. Témoignage écrit remis en janvier 2020.
18. Cette action est due à l'initiative d'Yves Rajat, de l'AFD, pour plus de détails contacter celui-ci.
19. 27 rue Marignan, 75008 Paris.

points d'eau dans la principale prison de Conakry qui en était dépourvue.

L'impression a été confiée à l'imprimerie de la mission catholique à Conakry, pratiquement seul organisme capable de mener à bien cette tâche.

C'est ainsi qu'en 1999 le « Guide de la Guinée » (219 pages, 135 ill. in texte en noir et blanc, Éditions de l'Imprimerie de la Mission Catholique, Conakry) est né. La couverture est ornée d'un pastel d'une jeune Peulh dû à l'artiste Lap Ngo.

Ce livre fut un véritable succès, et il fut assez vite épuisé.

Photo 13 : Couverture du *Guide de la Guinée.*

En 2008, le directeur de l'agence de Conakry, Philippe Michaud, regrette l'indisponibilité de ce livre et me demande mon accord pour une réédition, sous l'égide de l'AFD. Accord conclu et en 2009 une réédition, par les Éditions l'Harmattan, voit le jour, édition limitée à 100 exemplaires réservée aux amis de l'AFD en Guinée.

Témoignage de Moussa Doumbouya[20]

J'ai rejoint l'agence le 1er novembre 1994 à l'issue d'un test d'évaluation pour un poste d'informaticien. J'ai occupé ce poste en développant une application de gestion et de suivi de prêts accordés à des promoteurs économiques du secteur privé.

Très rapidement, j'ai été affecté cumulativement au poste d'agent versement. Mon intégration à l'agence a été facile, j'ai pu m'adapter rapidement avec une ouverture vers mes collègues et ma disponibilité à leur apporter des appuis en tant qu'utilisateurs de logiciels bureautiques nouvellement déployés, très rares à l'époque dans les services ainsi que mon intérêt à découvrir le contenu et le fonctionnement des autres postes. La lecture du manuel des procédures (uniquement papier à l'époque) fut un levier pour moi de connaitre l'organisation et le fonctionnement d'une agence AFD dans le détail et j'ai conclu que le cœur de métier en agence était dans les opérations projets. Cela m'a permis de valoriser mon poste d'agent versement et de déborder dans l'appui aux chargés de mission et à la direction notamment dans les processus d'avis de non objection et de suivi de portefeuilles projets.

J'ai bénéficié de nombreuses formations, aux procédures et logiciel Versements, développement personnel, au cycle de projets et la plus importante, une formation diplômante réussie de l'Institut technique de banque en 2008-2009, effectuée dans un contexte de crise socio-politique dans le pays, de réduction du personnel de l'agence et donc de surcharge de travail. Cette situation a été le facteur déclencheur de ma promotion en chargé de mission.

Au bout d'une décennie, j'ai maintenu le cap, convaincu de devoir être plus engagé à l'œuvre du développement. Cela a dû valoir les appréciations de mes collègues et supérieurs hiérarchiques. Cet engagement restera mien à vie et constitue une grande valeur ajoutée de l'AFD tout le long de ma carrière.

---

20. Communiqué le 17 janvier 2020.

Les changements et évolutions

À mon entrée à l'agence, l'Institution s'appelait Caisse française de développement (CFD). Auparavant, depuis 1958 elle s'appelait Caisse centrale de coopération économique (CCCE). Ce sigle, plutôt générique, ne comprenant aucune référence à la France, me rappelait les acronymes courants dans l'histoire de l'Union Soviétique que nous apprenions à l'école à l'ère de la Révolution[21]. Juste 4 ans plus tard, la CFD devint Agence française de développement (AFD).

Quelques événements marquants de la vie de l'agence

Février 1995 : exorcisation de l'agence. À l'entame de la nouvelle année 1995, certains collègues ont connu des moments difficiles en raison de maladie avec des épisodes de rechutes. Déjà les années précédentes les vols à mains armées faisaient terreur et mettaient les esprits en débandade. Les intéressés, soutenu par le reste du personnel local ont plaidé pour que l'agence organise une cérémonie de sacrifice et de prières à l'agence en vue d'une meilleure santé physique et morale pour tous. L'initiative a été bien accueillie par le directeur, par ailleurs un fervent catholique pratiquant. Elle a consisté à immoler un bœuf dans la cour de l'agence et à inviter les sages du quartier pour bénir. Cette cérémonie a été rehaussée par le premier imam de la mosquée du quartier (Boulbinet), Feu Elhadj Aye Fodé Camara. Ce fut un beau sacrifice, la viande du bœuf a été partagée aux agents et à des pauvres qui s'en sont réjouis.

2 et 3 février 1996 : une mutinerie militaire a conduit au pilonnage du Palais des nations, situé à quelques encablures de l'agence. Contre toute attente, le personnel était au complet à l'agence le matin du vendredi 2 et ce fut une frayeur mémorable.

21. Le signe de l'Union soviétique en russe se lit CCCP (Союз Советских Социалистических Республик).

Photo 14 : Cérémonie d'exorcisation de l'agence
© Photo de Thierry de Geyer.

Janvier-février 2007 : une série de manifestations dues aux protestations face à l'aggravation de la pauvreté, la dégradation des conditions de vies mêlées à une situation sociopolitique bloquante dans le pays. La direction de l'agence avait alors pris les mesures idoines possibles alors pour mettre tout le personnel à l'abri sans exclusive. Une provision alimentaire de secours a été constituée, une communication solidaire entre agents a été mise en place pour gérer la crise et une formule de ticket restaurant pour amenuiser les peines du personnel local à s'alimenter avec des conditions plus hygiéniques.

Un 22 janvier 2007 pas comme les autres ! Pendant que les agents étaient tous occupés au bureau, les syndicalistes et les partis politiques mobilisaient un grand monde en haute banlieue en vue de marcher sur le palais présidentiel situé à moins 500 m de l'agence. Dans ce tohu-bohu indescriptible, des tirs de sommation de grade prétorienne retentissaient partout et les soldats survoltés occupaient toutes les rues y compris celle en face de l'agence. Le directeur en contact avec le service d'appui au siège parisien devait extraire les disques du serveur pour les mettre à l'abri. Le CIL (Moussa) étant en formation au siège, ce travail a été fait par le directeur. Il a ainsi arraché tous les disques du serveur sans les avoir numérotés auparavant, ni marqué leur ordre dans les lecteurs du serveur. L'événement passé, la restauration d'une partie des données (non sauvegardées avant l'opération) fut impossible. Cela coûta du temps et des nerfs au directeur, mais l'agence finit par se contenter de reformater les disques et restaurer les données sauvegardées puis continuer ses activités.

2009 : organisation de la première sortie terrain annuelle de tout le personnel de l'agence pour visiter le site du projet de construction d'un débarcadère au port de pêche de Bongolon (Boffa). Ces sorties restent très appréciées et instructives pour le personnel d'appui.

Le plus positif est le déclic qu'il y a eu avec la volonté de la direction générale de reconnaître ouvertement la part de contribution des personnels recrutés localement dans le réseau d'agences, de les associer davantage à la conception et la mise en œuvre des plans d'orientation stratégique de l'AFD, notamment depuis 2011. La voie a été ainsi ouverte pour une évolution de carrière de cette catégorie de personnel, même si le chemin reste encore long pour arriver à une véritable équité. À l'échelle de Conakry, j'ai bénéficié de promotions successives en passant d'informaticien à agent versement puis chargé de mission et responsable de pôle Éducation-Formation et Lien social.

En plus de 24 ans, je connus 8 équipes de direction, de nombreux agents SAM et des volontaires, des contractuels, et des agents locaux dont l'effectif s'est néanmoins effrité dû aux départs non remplacés, à la baisse de l'activité de l'agence et l'externalisation de certains postes d'appui (gardiens et chauffeurs). Il faut souligner que le personnel de l'agence de Conakry est demeuré uni, mutuellement solidaire sans distinction entre personnel soumis à mobilité SAM et non SAM.

Je tiens à saluer et à exprimer toute ma gratitude aux nombreux directeurs et collègues SAM que j'ai eu la chance de pratiquer, ainsi que mes collègues agents locaux, notamment Mmes Lamarana SOW, Kadiatou SOW, Geneviève BALDE, Henriette FERNANDEZ, Aïcha BAH, Souad BARRY, Christine Tailleferry, MM Ismaël KEITA, Alpha Oumar FOFANA, Boubacar BAH, Amadou BAH, Feu Pépé SAGNO, Feu Ousmane BANGOURA, Mamadou Dian DIALLO, Boubacar BARRY (ancien ministre de pêche), Abdoulaye DIALLO, Ibrahima Diogo DIALLO, Saliou DIALLO, Mamadou Saliou DIALLO, Adam NANA, Malick KEITA, Fassou DORE et nos trois benjamins Mmes Fatou Binta DIALLO, Carine REBOUL et M. Aboubacar Demba SAMOURA. Que tous ceux qui ne retrouvent pas leur nom sur cette liste veuillent s'y reconnaitre.

Photo 15 : Le personnel de l'agence début 2020

De gauche à droite : Safia Ibrahim-Netter, Malick Keita, Saliou Diallo, Fatou Binta Diallo, Mamadou Saliou Diallo, Olivier Pannetier, Adam Nana, Adrien Blain, Eneida Del Hierro, Aboubacar Demba Samoura, Alice Wittevrongel, Moussa Doumbouya, Carine Reboul.

Maria Nowak

Maria Nowak[22], née en 1935 en Pologne, fuit en 1943 son pays occupé par l'armée nazie, qui incendie sa maison, fusille ou déporte sa famille. Elle s'installe en France en 1946 avec une partie de sa famille.

Diplômée de l'Institut d'études politiques de Paris (1956) et de la *London School of Economics* (1959), elle réalise un voyage d'études en Guinée et soutient une thèse sur l'économie rurale. Elle entre à la Caisse centrale de coopération économique, où elle travaille notamment auprès de Lucien Schmandt[23]. Elle sera détachée auprès de la SATEC, filiale de la Caisse centrale (créée en 1956). Elle sera plus tard directrice des politiques et études à la Caisse centrale, ce qui représente un succès encore singulier dans une période où les femmes n'ont qu'exceptionnellement accès aux postes en expatriation ou d'encadrement.

En 1985, Maria Nowak rencontre un économiste bangladais, le Pr. Yunus, fondateur de la Grameen Bank et futur Prix Nobel de la paix (2006). Elle lui organise une conférence à la

22. Sources : archives AFD et Maria Nowak, *La Banquière de l'espoir. Celle qui prête aux exclus*, Albin Michel, 1994.

23. Lucien Schmandt (1923-2009) est un personnage important dans l'histoire de la Caisse centrale, tous les anciens collègues ayant travaillé à ses côtés évoquent un homme visionnaire, qui a façonné la culture d'entreprise de la « maison ». Né le 20 février 1923 à Lille, Lucien Schmandt est reçu en 1943 à l'École nationale de la France d'Outre-Mer. En 1944, il intègre les Forces françaises de l'intérieur (FFI). Dénoncé par un des leurs, son groupe d'amis résistants est capturé par les Allemands et fusillé à La-Ferté-Saint-Aubin, le 10 juin 1944. Par miracle, il en réchappe. Il a passé dix années en Afrique, à la tête du Crédit de Brazzaville (1949-1951) et du Crédit du Cameroun (1951-1959). De retour au siège, il est responsable du service du Crédit Agricole et immobilier (1959-1962), chef de division du Cefeb, directeur adjoint de la direction du Crédit à l'agriculture et à l'équipement, puis directeur du développement (ce département regroupait l'ensemble des économistes et ingénieurs répartis dans des pôles sectoriels). Il est ensuite directeur du Département Appui aux opérations, avant de prendre sa retraite en 1986. Sa biographie est développée dans François Pacquement, *Dans les laboratoires du développement. Proparco et le secteur privé, 40 ans d'histoire*, Paris, Karthala, 2017, p. 65-67.

Caisse centrale lors d'un de ses passages à Paris et décide de transposer en France ce modèle de microcrédit. En 1989, elle fonde, avec le soutien moral de Muhammad Yunus, l'Association pour le droit à l'initiative économique (ADIE) dont elle devient présidente.

En 1991, elle est détachée à la Banque mondiale à Washington pour participer au développement des programmes de microcrédit en Europe centrale. Elle devient également cofondatrice du Centre de la microfinance de l'Europe centrale et orientale. Entre 2000 et 2002, elle est conseillère spéciale de Laurent Fabius, ministre socialiste de l'Économie, des Finances et de l'Industrie.

En mars 2011, elle quitte la présidence de l'ADIE, qu'elle assurait depuis la création ; elle conserve le titre de présidente-fondatrice, et continue à exercer des fonctions au sein du Conseil d'administration.

Bibliographie

Awenengo S., Charton H., Goerg O., « Urban Planning, Housing, and the Making of "Responsible Citizens" in the Late Colonial Period: Dakar, Nairobi, Conakry », in S. Bekker et L. Fourchard (éd.), *Governing Cities in Africa*, Cape Town, HSRC Press, 2013, p. 43-64.

Banque mondiale, *The Economy of Guinea*, Africa Department, mars 1966.

—, *Economic Trends and Prospects in The Republic of Guinea*, Africa Department, septembre 1967, 2 vol.

—, *République populaire révolutionnaire de Guinee, Memorandum économique*, Département des Programmes Afrique de l'Ouest, 20 juillet 1981.

World Bank Group Historical Chronology 1944-2005, produced by the World Bank Group Archives, accessible en ligne : http://go.worldbank.org/Z052FIDA70

Barjot Dominique, « Rapport de synthèse », *Outre-mers*, t. 89, n° 334-335, 1er semestre 2002, L'électrification outre-mer de la fin du XIXe siècle aux premières décolonisations, p. 47-53.

Blum Françoise, « Une formation syndicale dans la Guinée de Sékou Touré : L'Université ouvrière africaine, 1960-1965 », *Revue historique*, n° 667, 2013, p. 661-691.

Bordes Jean-Louis et Herriou Jean-Pierre, « Entre excellence technique et recherche de marchés : Coyne et Bellier, 1947-2009 », *Entreprises et histoire*, n° 71, 2013, p. 62-82.

Campbell Bonnie, « Le secteur de la bauxite en République de Guinée : ajustement structurel et restructuration internationale de l'industrie de l'aluminium », *Tiers-Monde*, t. 34, n° 133, 1993, p. 187-208.

Chauleur Pierre, « La Guinée après trois ans d'indépendance », *Études*, t. 311, novembre 1961.

—, « La Guinée de Sékou Touré », *Études*, t. 347, novembre 1977.

Chauvet Lisa, « Allocation de l'aide internationale et instabilités sociopolitiques », *Revue économique,* vol. 53, 2002, p. 545-556.

Comité monétaire de la zone franc (Rapports publiés par le Secrétariat), *La zone Franc en 1960.*

Coquery-Vidrovitch Catherine, « La mise en dépendance de l'Afrique noire. Essai de périodisation, 1800-1970 », *Cahiers d'études africaines*, n° 61-62, 1976, p. 7-58.

Diallo Alpha Ibrahima, « Les problèmes liés à l'aide publique au développement en Guinée », mémoire du master Études européennes et relations internationales, ENA, Strasbourg, 2018.

Diallo Yayé Mariama, « Les enjeux de l'assistance technique française en Afrique subsaharienne : le cas de l'Adetef », CIP Promotion Jules Verne (2013-2014), ENA, Strasbourg, 2014.

Ferme Mariane, Hoffman Daniel (traduit par Daniel Compagnon), « Combattants irréguliers et discours international des droits de l'homme dans les guerres civiles africaines. Le cas des "chasseurs" sierra-léonais », *Politique africaine*, n° 88, 2002, p. 27-48.

Fischer Georges, « L'indépendance de la Guinée et les accords franco-guinéens », *Annuaire français de droit international*, volume 4, 1958, p. 711-722.

Gilles L., « Les institutions de Bretton Woods en République de Guinée », *Politique africaine*, n° 36 décembre 1989.

Hachez-Leroy Florence, « Enjeux et stratégies internationaux dans le secteur de l'aluminium en Afrique (1960-2010) », in Émilia Robin-Hivert et Georges-Henri Soutou (dir.), *L'Afrique indépendante dans le système international*, Paris, PUPS, 2012, p. 261-281.

Harrison-Church Ronald James, « L'énergie en Afrique tropicale », *L'information géographique*, vol. 22, n° 1, 1958, p. 8-14.

Jaffrezic Yves, « Crédit Agricole et Organisation Coopérative dans les États d'Afrique Noire membres de la zone Franc et à Madagascar », *Revue d'études coopératives*, n° 141, 1965.

Kapur Devesh, Lewis John Prior, Webb Richard Charles (éd.), *World Bank: Its First Half Century*, Washington D.C., Brookings Press, 1997.

Lambert Agnès, « Les hommes d'affaires guinéens », *Cahiers d'études africaines*, vol. 31, n° 124, 1991, Anthropologie de l'entreprise, p. 487-508.

Larrue Jacques, *FRIA en Guinée*, Paris, L'Harmattan, 1997.

Lasserre Guy, « L'équipement hydro-électrique de l'Afrique tropicale française », *Cahiers d'outre-mer*, n° 43, 11e année, juillet-septembre 1958, p. 291-297.

Lewin André, *Ahmed Sékou Touré (1922-1984). Président de la Guinée de 1958 à 1984*, Paris, L'Harmattan, 2010, vol. I.

—, « La Guinée et les deux Allemagnes », *Guerres mondiales et conflits contemporains*, n° 210, 2003, p. 77-99.

Marchal Roland, Ero Comfort et Ferme Mariane, « Liberia, Sierra Leone et Guinée : une guerre sans frontières ? », *Politique africaine*, n° 88, 2002, p. 5-12.

Marchesin Philippe, « Démocratie et développement », *Revue Tiers Monde*, n° 179, 2004, p. 487-513.

Migani Guia, « Sékou Touré et la contestation de l'ordre colonial en Afrique subsaharienne, 1958-1963 », Monde(s), n° 2, 2012, p. 257-273.

—, « L'indépendance par la monnaie : la France, le Mali et la zone franc, 1960-1963 », *Relations internationales*, n° 133, 2008, p. 21-39.

Morice Alain, « Guinée 1985 : État, corruption et trafics », *Les Temps Modernes*, n° 487, février 1987, p. 108-136.

Mukanya Kaninda-Muana Jean-Bruno, « Projets français et belge de grands barrages africains, 1954-1960. Nationalismes, Eurafrique ou panafricanisme ? », *Relations internationales*, n° 174, 2018, p. 73-90.

Pacquement François, *Histoire de la Coopération technique. Une généalogie d'Expertise France*, Paris, Karthala, à paraître.

—, « Africanising banks, decolonizing finance », in Dimier Véronique et Stockwell Sarah (éd.), *The business of development in in Post-Colonial Africa*, Palgrave, 2020.

—, *Le financement du développement. Histoire et pratiques*, avec Victoria Lickert, Paris, Karthala, 2019.

—, *Histoire de l'AFD en Haïti. À la recherche de la juste distance*, avec Margaux Lombard, Paris, Karthala, 2018.

—, *Dans les laboratoires du développement. Proparco et le secteur privé, 40 ans d'histoire*, Paris, Karthala, 2017.

—, *Histoire de l'Agence française de développement en Côte d'Ivoire*, Paris, Karthala, 2015.

—, « Bâtir des politiques globales : l'aide au développement, source d'inspiration ? », *Afrique contemporaine*, n° 231, 2009.

—, « L'OCDE et l'évolution de l'aide par prêts », *Afrique contemporaine*, n° 188, octobre-décembre 1998.

Panouillot Claude, « Le développement des territoires français d'Afrique au Sud du Sahara », Cours commun technique à l'ENA, Promotion « Guy Desbos », 1955.

Poinsot Jacqueline, Sinou Alain, Sternadel Jaroslav, *Les villes d'Afrique noire. Politiques et opérations d'urbanisme et d'habitat entre 1650 et 1960*, Paris, Ministère de la Coopération-La Documentation française, 1989 (Analyse et documents).

Pomian Krzysztof et Kapuscinski Ryszard, « Un tour du monde en cinquante ans », *Le Débat*, n° 120, 2002, p. 173-192.

Postel-Vinay André, Exposé fait au Cercle France Outre-mer le 12 novembre 1964.

—, *La passion du développement. 32 ans de Caisse centrale*, Édition commentée et augmentée de l'interview réalisée en 1989 pour les archives orales du Comité pour l'histoire économique et financière de la France (CHEFF), Institut de la gestion publique et du développement économique (IGPDE), Paris, éditions AFD, 2019.

Rey Louis, « L'aide de la France à l'Afrique noire et à Madagascar depuis 1946 », Conférence faite à l'Université de Bâle le 26 janvier 1961.

Roland-Billecart Yves, *Les problèmes économiques du Tiers Monde et les conditions de développement*, Fondation nationale des sciences politiques, s. l., 1987.

Salignon Pierre et Absolu Adrien, « L'action de l'État français en Guinée : envers et par-delà Ebola », *Humanitaire*, n° 40, 2015, p. 52-63.

Sarraut Albert, *La Mise en valeur des colonies françaises*, Paris, Payot, 1923.

Simon-Loriere Hélène, *Conditions de vie et projets migratoires des réfugiés libériens à Conakry (Guinée) et Accra (Ghana)*, thèse de géographie, Université de Poitiers, 2013.

Suret-Canale Jean, « FRIA. Un exemple d'industrialisation africaine », *Annales de Géographie*, t. 73, n° 396, 1964, p. 172-188.

—, « Recension de Larrue Jacques, *Fria en Guinée. Première usine d'alumine en terre d'Afrique* », *Revue française d'histoire d'outre-mer*, t. 86, n° 322-323, 1er semestre 1999.

Topol Yves, « Réajuster l'économie : premier bilan des réformes », *Politique africaine*, n° 36, décembre 1989.

Tourte René, *Histoire de la recherche agricole en Afrique tropicale francophone. Le temps des stations et de la mise en valeur 1918-1940/1945*, Paris, L'Harmattan, 2019.

Autres ressources bibliographiques utiles

Absolu Adrien, *Les forêts profondes*, éditions JC Lattès, 2016.

Altersohn Claude, « La collaboration des pays de l'Est à l'équipement des pays non communistes en voie de développement », *Revue économique*, vol. 13, n° 1, 1962, p. 117-141.

Bartenev Vladimir, « L'URSS et l'Afrique noire sous Khrouchtchev : la mise à jour des mythes de la coopération », *Outre-mers*, t. 94, n° 354-355, 1er semestre 2007, L'URSS et le Sud, p. 63-82.

Björn Hinkeldey, « La politique allemande de la Guinée vers 1970 », *Outre-mers*, t. 98, n° 372-373, 2e semestre 2011, Les deux Allemagnes et l'Afrique, p. 141-144.

Jean-Louis Chaléard, Paule Moustier et Alain Leplaideur, « L'approvisionnement vivrier des villes en Guinée : entre fragilité et dynamisme », *Autrepart*, n° 23, 2002, p. 5-23.

Cissé Moussa, *Les banques nationales de développement en Afrique Noire* (avec référence plus spéciale à la Banque nationale de développement du Sénégal), thèse pour le doctorat de l'Université de Paris 1 en droit, juillet 1986.

Coursin François, « La contribution de la France au progrès des pays en développement », *Journal officiel*, Avis et rapports du Conseil économique et social, n° 3, 7 mars 2001.

Cumming Gordon, *Aid to Africa: French and British policies from the cold war to the new millennium*, Aldershot, UK and Burlington, USA: Ashgate, 2001.

Decraene Philippe, « Indépendance et regroupements politiques en Afrique au Sud du Sahara », *Revue française de science politique*, 10e année, n° 4, 1960, p. 850-879.

Demirgüc-Kunt Asli, Levine Ross, *The Financial System and Public Enterprise Reform Concepts and Cases*, The World Bank Policy and Research Department Finance and Private Sector Development Division, juillet 1994.

Goudon Alexandre, « Les réalisations hydroélectriques des Grands Travaux de l'Est dans l'empire français », *Outre-mers*, t. 89, n° 334-335, 1er semestre 2002, L'électrification outre-mer de la fin du XIXe siècle aux premières décolonisations, p. 305-316.

Goumain-Cornille André, *Les Banques Coloniales*, J.-B. Sirey 22, rue Soufflot, Paris, 1903.

Harrison-Church R. J., « L'énergie en Afrique tropicale », *L'information géographique*, vol. 22, n° 1, 1958, p. 8-14.

Guillaume Françoise, « La doctrine soviétique du sous-développement », *Politique étrangère*, n° 4, 27e année, 1962, p. 360-390.

Jeanneney Jean-Marcel, « La politique de coopération avec les pays en voie de développement », rapport remis au gouvernement le 18 juillet 1963.

Jepma Carolus, *The tying of aid*, Paris, OECD, 1991.

Lancaster Carol, « The World Bank in Africa since 1980: The Politics of Structural Adjustment Lending », in Kapur Devesh, Lewis John Prior, Webb Richard Charles (éd.), *World Bank: Its First Half Century*, Washington D.C., Brookings Press, 1997, vol. 2.

Le Masson Alix, *La Caisse centrale de la France d'outre-mer et le financement public dans la France d'outre-mer 1944-1958*, thèse de doctorat, Université de Paris X-Nanterre, 1996.

Meimon Julien, *En quête de légitimité. Le ministère de la Coopération (1959-1999)*, Université Lille 2, 2005.

Mercoiret Marie-Rose, « Les organisations paysannes et les politiques agricoles », *Afrique contemporaine*, n° 217, 2006, p. 135-157.

Mogenet Luc, *Guide de la Guinée*, Conakry, éditions Imprimerie Mission Catholique, 1999.

Oulmont Philippe, Pierre Denis, *Français libre et citoyen du monde*, Nouveau-monde éditions, 2012.

Sandouno Moïse, *Une histoire des frontières guinéennes (années 1880-2010) : héritage colonial, négociation et conflictualité*, Université de Toulouse le Mirail – Toulouse II, 2014.

Schoonheyt Jacques, *4 000 ans de moyens d'échange*, Banque de France/Marot Bruxelles, 2013.

Siracusano Gabriele, « Modernisation, progrès et guerre froide : la Guinée et le Mali vus par les partis communistes français et italien (1958-1968) », *Histoire@Politique*, n° 38, mai-août 2019 [en ligne : www.histoire-politique.fr].

Skorov G., « L'aide économique et technique de l'URSS aux pays sous-développés », *Tiers-Monde*, t. 1, n° 4, 1960, p. 491-510.

Varaschin Denis, « EDF et l'Outre-mer, de 1946 au début des années 1960 », *Outre-mers*, t. 89, n° 334-335, 1er semestre 2002, L'électrification outre-mer de la fin du XIXe siècle aux premières décolonisations, p. 387-408.

Werquin Jean, « La recherche appliquée française en agronomie tropicale et son apport au développement du Tiers Monde », *Tiers-Monde*, vol. 18, n° 71, 1977, p. 521-531.

Zinsou-Derlin Lionel, « La Banque de l'Afrique occidentale dans la crise », *Revue française d'histoire d'outre-mer*, t. 63, n° 232-233, 1976, L'Afrique et la crise de 1930 (1924-1938), p. 506-518.

Table des graphiques et tableaux

Table des photos

Table des matières

Composition : Soft Office (38)

www.ingramcontent.com/pod-product-compliance
Lightning Source LLC
Chambersburg PA
CBHW071445230926
51846CB00001B/346
9782811127312